两岸产业比较研究丛书

本丛书是"2011 计划"——"中国特色社会主义经济建设协同创新中心"的子平台"区域协调与产业发展"研究团队的阶段性成果

两岸电子信息产业比较研究

李保明　于　珍　周小柯　著

南开大学出版社

天　津

图书在版编目(CIP)数据

两岸电子信息产业比较研究 / 李保明,于珍,周小
柯著. —天津:南开大学出版社,2015.10
(两岸产业比较研究丛书)
ISBN 978-7-310-04948-6

Ⅰ.①两… Ⅱ.①李… ②于… ③周… Ⅲ.①电子信
息产业－对比研究－中国 Ⅳ.①F49

中国版本图书馆 CIP 数据核字(2015)第 216625 号

南开大学出版社出版发行
出版人:孙克强
地址:天津市南开区卫津路 94 号   邮政编码:300071
营销部电话:(022)23508339 23500755
营销部传真:(022)23508542   邮购部电话:(022)23502200

＊

河北昌黎太阳红彩色印刷有限责任公司印刷
全国各地新华书店经销

＊

2015 年 10 月第 1 版   2015 年 10 月第 1 次印刷
240×170 毫米 16 开本 11.75 印张 4 插页 195 千字
定价:30.00 元

如遇图书印装质量问题,请与本社营销部联系调换,电话:(022)23507125

编委会名单

编委会主任：龚　克　潘维大

执行主编：刘秉镰　詹乾隆　邱永和　白雪洁　贾凯杰

编委会成员（按汉语拼音排名）：

白仁德　曹小衡　陈富良　陈世圯　冯正民

傅祖坛　过晓颖　胡均立　胡凯杰　黄台生

焦志伦　李　扬　李保明　李兰冰　李文智

李　月　庞瑞芝　王　玲　王　燕　吴天诚

肖兴志　徐顺宪　杨静蕾　杨永忠　赵一夫

周呈奇

序一

经历了 2009 年国际金融危机的冲击,当前世界经济进入新一轮的调整和转型期,以美国为代表的发达国家虽然经济探底趋稳,但财政悬崖、主权债务危机的阴影犹存;新兴经济体和部分发展中国家虽然经济保持较高的增速,但面临的挑战和风险也很大。从世界经济格局来看,世界经济中心向亚太地区转移的趋势有所增强,在刚刚过去的 2012 年,全球经济复苏放缓,而亚太新兴经济体总体上保持了难得的增速,成为世界经济的一抹"亮色"。在亚太地区,中国大陆与中国台湾作为"大中华经济圈"中实体经济发展各具千秋的两个重要经济体,彼此之间活跃的产业合作和日益紧密的经济联系会增强双方的实力,达到合作共赢、共同增强在亚太地区的主导力量的效果。

自 2008 年两岸关系出现历史性转折后,两岸双方在反对"台独"、坚持"九二共识"的共同政治基础上,本着"建立互信、搁置争议、求同存异、共创双赢"的精神,致力于两岸关系的和平发展。目前我们已经签署了空运、海运、通邮等协议,实现了两岸全面直接双向"三通",促成了大陆居民赴台旅游,取得了两岸人员往来的又一次重大突破,在众多领域建立了两岸交往与合作机制,解决了两岸同胞关心的一系列经济、社会、民生等问题,特别是签署了《海峡两岸经济合作框架协议》以及投资保护、海关合作两项后续协议后,更推进了两岸经济一体化的进程。"三通"开放至今,两岸贸易总额已突破 5600 亿美元,大陆累计批准台商投资项目 8.7 万个,台商实际投资金额 565.3 亿美元。同期,共有 133 家大陆企业在台设立分公司或代表处,投资金额达 7.22 亿美元。2008年两岸携手直面国际金融危机的冲击,风雨同舟,共渡难关,为两岸产业与企业界的更深入、具体、全面的交流与合作奠定了坚实的情感基础。两岸发展的历史充分证明,分则两败,合则共赢。

我们惊喜地发现,在两岸经济、社会、文化、教育等领域日益频繁而密切的交流中,两岸的高校发挥了重要而独特的作用。不仅通过教师和学生的交流互访学习，取长补短，加深了理解和友谊；而且更有一些眼光深邃、做法务实的两岸高校，各取所长，为两岸的产业和企业合作发展发挥着智力支持作用。由南开大学和台湾东吴大学发起，联合了两岸十几所高校的专家学者编写出版的"两岸产业比较研究丛书"，恰逢其时，将适应两岸经济交流与合作的新形势，为两岸产业和企业加深了解、建立互信、寻求商机、互利互惠开启一扇机会之窗。

未来"大中华经济圈"的不断崛起将可能成为影响国际经济格局变化的重要力量，两岸的经济和产业合作也将不断由初期的贸易往来和直接投资向立足于两岸需求、资源、技术的全方位深层次的产业对接与合作转移。两岸内部市场的新经济增长点在哪里？两岸产业各自的竞争优势是什么？两岸产业进一步深入合作的制度政策和机制需求是什么？相信"两岸产业比较研究丛书"的出版将有助于我们寻找相关问题的答案。也希望通过这套丛书的出版，能进一步推进两岸官、产、学、研的更加深入持久的战略性合作。

目前两岸科技、文化、教育等领域交流与合作议题的正式商谈虽然还未开始，但两岸一些心系两岸和平发展之大计、脚踏实地的高校和学者已经开始他们扎实而富有成效的探索，虽然这些成果还不尽善尽美，但他们精诚合作，为两岸发展贡献绵薄之力的赤诚之心可见。愿他们的开拓性工作不断深入，结出更多更美的硕果。愿两岸产业界和企业界携手合作，共赢共荣的美好日子愈久绵长。

陈云林

2015 年 6 月

序二

　　全球经济已经进入成长速度放缓、竞争加剧、深度转型的调整期，未来发展充满了复杂性、不稳定性和不确定性。已开发国家经济进入缓慢复苏的阶段，低速成长可能成为长期的趋势。开发中国家或地区尤其是新兴经济体具有较高的成长速度，已经成为世界经济成长的主要动力，但成长速度不如以往的压力也逐渐显现。世界经济格局正发生明显的变化，亚洲的地位与作用日益重要。为因应全球经济高度不确定性的挑战，掌握全球经济重心向亚洲转移的机会，海峡两岸应加强合作、优势互补，共同采取更为积极有效的措施以稳定、发展、繁荣两岸经济。

　　2008 年以来，两岸关系迈入和平发展的一个新的阶段。至 2012 年底为止，海基会与海协会共举行了 8 次高层会谈，签署了 18 项协议，涉及两岸直航、大陆观光客来台、投资保障等，为两岸经济共同繁荣与发展奠定了坚实的基础。其中，2010 年 6 月，海基会和海协会签署了《海峡两岸经济合作框架协议》（ECFA），进一步增进了双方的贸易与投资关系，建立了有利两岸经济繁荣与发展的合作机制，为台湾与大陆的经贸交流与合作揭开了新的里程碑。

　　世界经济进入全新的发展阶段，新的形势给两岸经济交流与合作创造了新的机会，也产生了新的需求。当前，两岸经济均进入调整期，新阶段的产业合作可以基于两岸内部市场新经济成长机会的创造与成长方式的改变；如何从两岸经济发展的特色出发，选择两岸产业合作的领域与重点备受关注。就现阶段而言，两岸产业合作特别要注重对两岸内部市场的培育。两岸关系进入后 ECFA 时期，机制与制度的建构已经成为两岸产业合作的重中之重。两岸关系的改善以及 ECFA 的签署，应该在已有的架构协议层面，积极地完成相关的配套政策、机制、制度的建设，才能更深化产业的合作。在两岸合作由初级贸易往来转向深层次产业合作的关键时刻，如何从两岸的共同利益出发，实现两岸经济与产业的合作共赢，在全球经济格局中共同实现经济再发展，已经成为两岸官方、产业界和学术界共同关心的重大课题。

欣闻东吴大学和南开大学共同发起建立专业化、开放化和国际化研究平台，吸引海峡两岸的优秀学者，在两岸产业合作与对接这一新兴重要领域进行兼具创建性、开拓性与系统性的研究，共同编撰"两岸产业比较研究丛书"，深感其正逢其时、意义深远。这是第一部两岸学者携手完成的两岸产业比较研究丛书，这一系列丛书全方位剖析了两岸产业发展现状与未来对接的机会和挑战，涉及物流产业政策、港口发展等多个不同经济发展领域，研究成果兼具深度与广度。我相信这套丛书的出版问世，将为两岸产业合作与对接提供可参考、可采纳、可使用的产业发展对策，切实有效地为两岸经济共同繁荣与发展作出贡献。

这套丛书的问世，倾注了两岸学者的卓越智慧，期盼两岸学者能够继续精诚合作，竭尽所能地进一步加强两岸教育与科研资源的交流，建立高效、稳定、可持续的合作机制，产出更多、更好的硕果，为共同提升两岸经济发展贡献力量。

江为坤

2015 年 8 月

自　序

　　中国台湾经济依靠代工发展起来，20 世纪 80 年代成为亚洲"四小龙"之一。在电子信息领域，台湾的厂商为欧美知名厂商代工制造，台式电脑和笔记本电脑及其零部件是代工的最大宗产品。据估计，全球装置视窗操作系统（Windows OS）的个人电脑相关产品的 75%由台湾信息技术（IT）厂商生产，市场占有率世界第一的台湾 IT 产品多达十几项。此外，台湾还是全球第二大液晶显示器（LCD）、第四大半导体元件生产基地。蕞尔小岛，台湾曾被誉为全球第四大资讯科技"王国"。

　　也是从 20 世纪 80 年代中期开始，海峡两岸经贸交流与合作发展起来，台商投资大陆高达 600 多亿美元①。截至 2005 年，几乎台湾所有的个人电脑制造厂家转移至大陆，并带动上下游配套厂商投资大陆。根据台湾相关部门的资料，2005 年第四季度台湾厂商出货的 IT 产品在岛内制造的比例为：台式电脑 1%，笔记本电脑 4%，电脑主机板 5%，数码照相机 1%，手机 20%，服务器 15%，液晶显示器 10%，掌上电脑（PDA）54%。在电子信息产业的劳动密集部分转移至大陆及东南亚后，台湾重点发展高技术与高附加值的零组件，如大尺寸的 LCD 面板和半导体。

　　改革开放以来，大陆一直将电子信息产业作为重点发展产业来推动，2012年将其列为七大战略新兴产业之一。近年来，电子信息产业销售额保持两位数的增长率，2014 年达到 14 万亿元，同比增长 13%。其中，电子信息制造业 10.3万亿元，增长 9.8%；软件和信息技术服务业 3.7 万亿元，增长 20.2%。②电子信息制造业占整个工业的比例不断提升，尤其是在工业 4.0 和智能制造的发展时代，电子信息产业将成为工业发展的驱动机和引领者。

---

　　① 据商务部统计，截至 2014 年 8 月，大陆实际利用台资 607 亿美元。专家估计，包括通过第三地的转投资和借"人头"投资，台商投资大陆的金额应在 2000 亿美元左右。

　　② 工业与信息化部.2014 年电子信息产业统计公报.

电子信息产业是两岸经济发展的支柱和引领产业，也是两岸经贸交流的主要产业。比较研究两岸电子信息产业发展特点、在全球价值链中的地位以及两岸合作的潜力与趋势具有重要的现实意义。经南开大学刘秉镰教授的提议和鼓励，我们开始两岸电子信息产业（ICT）（集中在制造业方面）的比较研究，并撰写此书。

全书分为理论篇、发展篇、比较篇、交流与合作篇四部分，共九章。第一、二、三、四章由于珍撰写，李保明进行了修改补充；第五、六章由周小柯撰写；第七、九章由李保明撰写；第八章由李保明、黄秀容撰写。全书内容由李保明规划设计，并进行统稿工作。周小柯还承担了沟通联系和稿件核对工作。黄秀容、张锐杰、许浩参与了资料搜集工作。

在书稿即将付梓之际，感谢南开大学刘秉镰教授、白雪洁教授给予的帮助和支持，也感谢南开大学出版社吴中亚老师为书稿出版付出的辛苦努力。

作　者
2015 年 7 月 7 日于清华园

目 录

‖ 理论篇

第一章 产业概述

电子信息产业（ICT）作为国民经济的支柱型产业，在两岸交流中有着举足轻重的地位，对比研究两岸电子信息制造业也就十分紧迫且十分必要。本章将对电子信息产业范围界定、电子信息产业结构、电子信息产业组织及电子信息产业的集群发展模式进行探讨。

第一节 电子信息产业范围界定

各个国家或组织对电子信息产业范围的界定并不统一，本节将对电子信息产业的内涵、国内外现有研究成果对电子信息产业范围的界定进行对比。

一、电子信息产业的内涵

根据国家信息产业部《电子信息产业统计工作管理办法》[①]（〔2007〕42号文件）第一章第四条解释，电子信息产业，是指为了实现制作、加工、处理、传播或接收信息等功能或目的，利用电子技术和信息技术所从事的与电子信息产品相关的设备生产、硬件制造、系统集成、软件开发以及应用服务等作业过程的集合。电子信息产品，包括电子雷达产品、电子通信产品、广播电视产品、计算机产品、家用电子产品、电子测量仪器产品、电子专用产品、电子元器件产品、电子应用产品、电子材料产品以及软件产品。

---

① 中华人民共和国信息产业部. 电子信息产业统计工作管理办法. http://www.gov.cn/flfg/2007-03/23/content_558637.htm.

二、大陆对电子信息产业范围的界定

根据国家统计局《统计上划分信息相关产业暂行规定》[①]（国统字〔2003〕83号文件），电子信息相关产业的分类如下表所示：

表 1-1 大陆电子信息相关产业的分类（1）

类别名称	
一、电子信息设备制造	
电子计算机设备制造	电子计算机整机制造（4041）、计算机网络设备制造（4042）、电子计算机外部设备制造（4043）
通信设备制造	通信传输设备制造（4011）、通信交换设备制造（4012）、通信终端设备制造（4013）、移动通信及终端设备制造（4014）、其他通信设备制造（4019）
广播电视设备制造	广播电视节目制作及发射设备制造（4031）、广播电视接收设备及器材制造（4032）、应用电视设备及其他广播电视设备制造（4039）
家用视听设备制造	家用影视设备制造（4071）、家用音响设备制造（4072）
电子器件和元件制造	电子真空器件制造（4051）、半导体分立器件制造（4052）、集成电路制造（4053）、光电子器件及其他电子器件制造（4059）、电子元件及组件制造（4061）、印制电路板制造（4062）
专用电子仪器仪表制造	雷达及配套设备制造（4020）；环境监测专用仪器仪表制造（4121）；导航、气象及海洋专用仪器制造（4123）；农林牧渔专用仪器仪表制造（4124）；地质勘探和地震专用仪器制造（4125）；核子及核辐射测量仪器制造（4127）；电子测量仪器制造（4128）；其他专用仪器制造（4129）
通用电子仪器仪表制造	工业自动控制系统装置制造（4111）、电工仪器仪表制造（4112）、实验分析仪器制造（4114）、供应用仪表及其他通用仪器制造（4119）
其他电子信息设备制造	电线电缆制造（3931）；光纤、光缆制造（3922）；计算器及货币专用设备制造（4155）
二、电子信息设备销售和租赁	
计算机、软件及辅助设备销售	计算机、软件及辅助设备批发（6375）；计算机、软件及辅助设备零售（6572）；其他电子产品零售（6579）
通信设备销售	通信及广播电视设备批发（6376）、通信设备零售（6573）

[①] 中华人民共和国国家统计局. 统计上划分信息相关产业暂行规定. http://www.stats.gov.cn/tjbz/t20040210_402369833.htm.

类别名称	
计算机及通信设备租赁	计算机及通信设备租赁（7314）

三、电子信息传输服务

电信	固定电信服务（6011）、移动电信服务（6012）、其他电信服务（6019）
互联网信息服务	互联网信息服务（6020）
广播电视传输服务	有线广播电视传输服务（6031）、无线广播电视传输服务（6032）
卫星传输服务	卫星传输服务（6040）

四、计算机服务和软件业

计算机服务	计算机系统服务（6110）、数据处理（6120）、计算机维修（6130）、其他计算机服务（6190）
软件服务	基础软件服务（6211）、应用软件服务（6212）、其他软件服务（6290）

五、其他信息相关服务

广播、电视、电影和音像业	广播（8910）、电视（8920）、电影制作与发行（8931）、电影放映（8932）、音像制作（8940）
新闻出版业	新闻业（8810）、图书出版（8821）、报纸出版（8822）、期刊出版（8823）、音像制品出版（8824）、电子出版物出版（8825）、其他出版（8829）
图书馆与档案馆	图书馆（9031）、档案馆（9032）

注：括号中为《国民经济行业分类》分类代码中的小代码。

根据《中国电子信息产业统计年鉴（综合篇）2011》，电子信息产业按行业分类的话，可以分为 11 个行业、38 个小类别，如表 1-2 所示。

表 1-2　大陆电子信息相关产业的分类（2）

类别名称	
通信设备工业行业	传输设备制造、交换设备制造、通信终端设备制造、移动通信及终端设备制造、其他通信设备制造
雷达工业行业	雷达及配套设备件制造
广播电视设备工业行业	广播电视设备及发射设备制造、广播电视接收设备及器材制造、应用电视设备及其他广播电视设备制造
电子计算机工业行业	电子计算机整机制造、计算机网络设备制造、电子计算机外部设备制造、幻灯机及投影设备制造、计算器及货币专用设备制造

类别名称	
家用视听设备工业行业	家用影视设备制造、家用音响设备制造
电子器件工业行业	电光源制造、电子真空器件制造、半导体分立器件制造、集成电路制造、光电子器件及其他电子器件制造
电子元件工业行业	电力电子元器件制造、电子元件及组件制造、印刷电路板制造
电子测量仪器工业行业	环境监测专用仪器仪表制造；汽车电子仪器制造；导航、气象及海洋专用仪器制造；农林牧渔专用仪器仪表制造；地质勘探和地震专用仪器制造；核子及核辐射测量仪器制造；电子测量仪器制造；其他专用仪器制造
电子工业专用设备行业	电子工业专用设备制造、其他电子设备制造
电子信息机电工业制造行业	微电机制造、光纤光缆制造
其他电子信息行业	信息化学品制造、家用制冷电器具制造

资料来源：《中国电子信息产业统计年鉴（综合篇）2011》。

三、台湾对电子信息产业范围的界定

根据台湾行业分类系统①（第 9 次修订）可分析得出台湾对电子信息产业范围的界定。

表 1-3　台湾电子信息相关产业的分类

行业分类系统	
一、电子零组件制造业（26）	
半导体制造业（261）	集成电路制造业（2611）、分离式元件制造业（2612）、半导体封装及测试业（2613）
被动电子元件制造业（262）	被动电子元件制造业（2620）
印刷电路板制造业（263）	印刷电路板制造业（2630）
光电材料及元件制造业（264）	液晶面板及其组件制造业（2641）、发光二极管制造业（2642）、太阳能电池制造业（2643）、其他光电材料及元件制造业（2649）

① ICT 有关行业分类系统。

行业分类系统	
其他电子零组件制造业（269）	印刷电路板组件制造业（2691）、未分类其他电子零组件制造业（2699）
计算机及其外围设备制造业（271）	计算机制造业（2711）、显示器及终端机制造业（2712）、其他计算机外围设备制造业（2719）
通信传播设备制造业（272）	电话及手机制造业（2721）、其他通信传播设备制造业（2729）
视听电子产品制造业（273）	视听电子产品制造业（2730）
资料储存媒体制造业（274）	资料储存媒体制造业（2740）
—	计算机及其外围设备、软件批发业（4641）；电子设备及其零组件批发业（4642）
—	软件出版业（5820）
二、电信业（61）	
电信业（610）	电信业（6100）
三、电脑系统设计服务业（62）	
电脑系统设计服务业（620）	电脑软件设计业（6201）、计算机系统整合服务业（6202）、其他计算机系统设计服务业（6209）
入口网站经营、资料处理、网站代管及相关服务业（631）	入口网站经营业（6311）；资料处理、网站代管及相关服务业（6312）
计算机、通信传播设备及电子产品修理业（952）	计算机及其外围设备修理业（9521）、通信传播设备修理业（9522）

注：表中所示为台湾地区行业分类系统与联合国统计委员会第 4 版国际标准行业分类（ISIC Rev.4）相对照的部分；"—"表示无对应项目。

第二节　电子信息产业特点

目前，电子信息产业作为世界经济新的增长点和最先进的生产力，正朝着数字化、网络化和智能化方向迅猛发展，各国都把大力发展电子信息产业、加快推进国家信息化作为新世纪经济和社会发展战略来实施。电子信息产业的发展趋势和特点主要表现在以下几方面：

一、产业全球化和区域化趋势明显

电子信息产业具有最广泛的国际性，其全球性采购、全球性生产、全球性经销的趋势日益明显，产业梯次转移发展的趋势十分突出。发达国家凭借其资金、技术和品牌优势，主要从事系统集成和高技术产品的开发与销售，而把技术含量较低的产品生产大量向发展中国家和地区转移。发达国家在行业中的地位更加突出。2003年，全球电子工业总产值3万多亿美元，其中美国占28%，日本占23%，西欧占20%，我国仅占4.25%。此外，产业区域化趋势也十分明显，地区内合作不断增加，各国政府为争夺电子高科技领域的战略优势，纷纷在政策和财力上给予大力支持，在国际经济和外交斗争中给予保护。

二、竞争核心发生重大变化，产品本地化生产销售趋势明显

市场、资金和技术的国际化使得国际竞争由资源、产品的竞争转向技术、品牌、资本和市场份额的竞争，核心技术和自有品牌成为竞争力的关键因素，技术进步对市场的影响越来越大，产品更新换代日新月异，为电子信息产品市场保持快速增长不断注入新的活力。由于技术高速发展和市场竞争激烈，使得技术开发的难度和风险越来越大，所需经费和高科技人才投入越来越多，因此，各大公司和国家间联合研究开发之风势不可挡。出于开拓市场的需要，各跨国公司都在大力推行本地化战略，纷纷通过独资、合作等方式在发展中国家和地区建立了自己的生产基地。

三、跨国公司的主导作用更加突出，以信息网络为基础的新型企业模式开始崭露头角

第二次世界大战后，出于追逐最大利润的需要，先是在发达国家，后来在发展中国家都出现了跨国公司。几十年来，跨国公司获得了迅猛发展。跨国公司凭借其掌握的核心技术和资金优势，逐渐成为行业的主导，成为世界经济发展中举足轻重的力量。进入世界500强的35家电子企业全部是跨国公司，其营业收入达10426.15亿美元，占全球电子工业营业收入的比例超过85%。跨国公

司在电信等领域兼并之风席卷全球，跨国公司主导竞争规划势不可挡。同时，全球信息化和信息网络化趋势也使电子信息产业传统发展模式面临严峻挑战。信息资源的开发利用至关重要，人才的核心作用更加突出，中小科技企业在开发创新中的灵活性和重要作用日益明显，技术创新和知识创新对产业发展的影响越来越大。以信息网络为基础的新型企业模式开始崭露头角，并已显示出其强大的生命力。

四、生产规模化和产品个性化成为主要趋势

电子信息产品大部分都具有显著的规模经济效益，如果达不到一定生产规模，产品则很难在市场竞争中立足。目前电子产品的生产规模越来越大，国外跨国公司彩电产量一般在年产 400 万台以上（国内长虹的彩电年生产量更是曾达到 800 万台），个人计算机和通信产品生产规模普遍在 500 万台（万线）以上，彩管主要生产厂 2002 年产量在 300 万～1000 万只，片式电阻的月产量甚至达到 100 亿只以上，主要片式钽电容器生产厂年产量均在 15 亿只以上。因此，门槛越来越高，如果没有巨额的资金投入，很难形成真正有竞争力的产业。同时，随着技术进步和生活水平的提高，消费个性化逐渐成为潮流，这也是知识经济时代的重要特点之一。目前，人们对电子产品的需求越来越多样化。为适应市场的这一变化，各种各样满足不同人群要求的产品应运而生，令人目不暇接，柔性生产技术得到快速发展。

五、数字化、网络化、智能化成为主流

目前，数字化、网络化、智能化技术正在发展成为信息产业的主流技术。20 世纪 90 年代后，数字化技术全面展开，目前已成为通信和消费类产品的共同发展方向。在通信领域，数字技术正在全面取代模拟技术。在广播电视领域，美国已开始由模拟电视向数字电视转变，欧洲的数字电视广播（DVB）技术已在全球大多数国家推广。数字音频广播（DBA）也已进入商品化试播阶段。影音光碟（VCD）、数字多功能光盘（DVD）、数字音响等新一代数字化产品纷纷上市，发展迅猛。随着信息技术的迅速发展和广泛应用，网络化也已成为电子信息产业发展的必然趋势。以计算机技术和通 技术为基础的计算机网络在 20 世纪 90 年代得到迅猛发展。到 2003 年，因特网全球用户已超过 5 亿户，电子商务交易额由 1998 年的 520 亿美元增加到 2003 年的 13000 亿美元。计算机技

术的高速发展促进了人工智能技术的发展，目前智能化已成为电子信息产品、机电产品、武器装备以及自动控制设备的主要发展方向。21 世纪将是智能技术高速发展时期。

六、软件、集成电路、新型元器件是电子信息产业竞争的核心

在某种程度上可以说，美国、日本在电子信息产品制造业中的霸主地位是由于它们掌握并垄断着核心软件和关键元器件的设计与生产造就的。例如，美国垄断了微处理器、系统芯片等的核心技术；日本则在半导体内存、半导体生产设备以及平板显示器、硬盘驱动器、打印机等方面占有压倒性优势。软件是电子信息产品的核心，而集成电路、新型元器件则是电子信息产品制造业的基础，且具有很高的附加值，在经济不景气时的产出表现也好于整机产品，所受冲击较轻微。今后，美国、日本仍将会在软件和关键元器件领域加强其地位。其他国家和地区，如韩国、中国台湾等，为提高其竞争力，也在大力发展关键元器件。台湾地区电子信息产业的变迁过程突出地显示了这种趋势：20 世纪 80 年代中期以前为"单纯组装"时期；80 年代后半期为"设计与半成品组装"时期；90 年代前半期为"国际化与大生产"时期；90 年代后半期开始进入"关键部件生产"时期。

七、各种技术相互渗透，产品和产业界限日趋模糊

电子技术与机械、汽车、能源、交通、轻纺、建筑、冶金等技术互相融合，形成新的技术领域和更广阔的产品门类：电信网和有线电视网及计算机通信网相互渗透、彼此融合、交叉经营、资源共享；数字化技术的广泛应用和信息产品的共享性，使个人计算机、传真机、手机等大量进入家庭，导致投资类和消费类产品的边界趋于模糊；数字化、多媒体等信息技术促进了个人电脑（PC）和电视（TV）的融合，使家用电视、计算机、通信逐步融为一体。

八、外贸依存度不断加大

发达国家和地区电子产品贸易均呈大进大出的局面，美国既是电子产品的主要出口国，更是电子产品的主要进口国，2002 年进出口额分别达到 1746 亿美元和 1541 亿美元，居世界首位。

第三节　电子信息产业技术趋势

本节将分别介绍微电子技术、计算机技术、网络技术、通信技术、软件技术和显示技术等电子信息产业的发展规律。

一、微电子技术

微电子也就是集成电路，它是电子信息科学与技术的一门前沿学科。中国科学院王阳元院士曾经这样评价：微电子是最能体现知识经济特征的典型产品之一。在世界上，美国把微电子视为其战略性产业，日本则把它摆到了"电子立国"的高度。可以毫不夸张地说，微电子技术是当今信息社会和时代的核心竞争力。

在我国，电子信息产业已成为国民经济的支柱性产业。作为支撑信息产业的微电子技术，近年来在我国出现、崛起并以突飞猛进的速度发展起来。微电子技术已成为衡量一个国家科学技术进步和综合国力的重要标志。微电子技术具有如下发展规律：

第一，芯片集成度发展的摩尔定律。自从集成电路（IC）诞生以来，IC 芯片的发展基本上遵循了英特尔（Intel）公司创始人之一戈登·摩尔（Gordon E. Moore）1965 年预言的摩尔定律。该定律说：芯片上可容纳的晶体管数目每 18 个月便可增加一倍，即芯片集成度 18 个月翻一番。这被视为引导半导体技术前进的经验法则。换句话说，工艺技术的进展对 IC 集成度的提高起到乘积的效果，使得每个芯片可以集成的晶体管数急剧增加，其复合年均增长率（CAGR）达到 58%。

第二，将以硅基互补金属氧化物半导体（Complementary Metal Oxide Semiconductor，CMOS）电路为主流工艺。微电子技术发展的目标是不断地提高集团系统的性能及性价比，因此要求提高芯片的集成度，这是不断缩小半导体器件特征尺寸的动力源泉。以金属氧化物半导体（MOS）技术为例，缩短沟道长度可以提高集成电路的速度，还可以缩小器件尺寸，提高集成度，从而在芯片上集成更多数目的晶体管，将结构更加复杂、性能更加完善的电子系统集成在一个芯片上。另外，随着集成度的提高，系统的速度和可靠性也大大提高，价格大幅度下降。由于片内信息的延迟远小于芯片间的信号延迟，这样在缩小后，即使器件本身的性能没有提高，整个集成系统的性能也会得到很大提高。也就是说，21 世纪前半叶，微电子产业仍将以尺寸不断缩小的硅基 CMOS 工艺技术为主流。

第三，集成系统是 21 世纪初微电子技术发展的重点。迄今为止，微电子芯片一直是以集成电路（IC）为基础的，然后再利用这些 IC 芯片通过印刷电路板等技术实现完整的统一。而信息系统的发展趋势是高速度、低功耗、低电压和多媒体、网络化、移动化，这就要求系统能够快速地处理各种复杂的智能问题。而在传统的信息系统中，尽管 IC 芯片的速度可以很快，功耗可以很小，但由于印刷电路板中 IC 芯片之间的延时、印刷电路板的可靠性以及重量等因素的限制，使得整个系统集成在一个或几个芯片上，从而构成系统级芯片（System on Chip）的集成系统（Integrated System，IS）概念。同时，飞速发展的集成电路技术已经可以在一个芯片上集成多达 $10^8 \sim 10^9$ 个晶体管，21 世纪的微电子技术将从目前的 3G 逐步发展到 3T（即存储容量由 G 位发展到 T 位），集成电路器件的速度将由千兆赫（GHz）发展到太赫兹（THz，等于 100 万兆赫兹），数据传输速度将由吉位元每秒（Gigabits Per Second，GBPS）发展到太位元每秒（Terabits Per Second，TBPS），从而为集成系统的快速发展奠定基础。微电子技术从 IC 向 IS 转变不仅是一种概念上的突破，同时也是信息技术发展的必然结果，它必将导致又一次以微电子技术为基础的信息技术革命。目前，IS 技术已经崭露头角，21 世纪将是其真正快速发展的时期。在 21 世纪，将在较长时间内依托 0.15～0.18 微米（μm）的工艺技术进行一场集成系统的革命。

第四，微电子与其他学科的结合诞生新的技术增长点。微电子技术的强大生命力在于，它可以低成本、大批量地生产出具有高可靠性和高精度的微电子机构模块。这种技术一旦与其他学科相结合，便会诞生出一系列崭新的学科和重大的经济增长点。与微电子技术结合成功的突出例子便是微光机电系统（MOEMS）技术和脱氧核糖核酸（DNA）生物芯片等。前者是微电子技术与机械、光学等领域的技术结合的产物，后者则是与生物技术结合的产物。微电子技术对现代人类生活的影响极大，自从 1947 年第一个晶体管问世以来，微电子技术发展迅猛。Intel 公司的创始人之一摩尔在 1965 年研究指出，集成电路上集成的晶体管数量每 18 个月将增加一倍，性能将提高一倍，而价格却不相应提高，这就是所谓的摩尔定律（Moore's Law）。根据美国半导体工业协会预测，至少到2016年，集成电路线宽将依然按"摩尔定律"缩小下去，2016年可以达到25纳米（nm）的技术水平。根据发表的大量文献可知，在2016年以后的十几年，芯片的特征尺寸将继续缩小。微电子技术新的发展及应用方向是系统级芯片（SOC），它的发展时间可能会更长。所谓的系统级芯片是随着微电子工艺向纳米级迁移和设计复杂度增加，一种新的产品把系统做在了芯片上，该芯片被称为系统级芯片。系统级芯片将逐步取代微处理器。

微电子技术的迅猛发展必将带来又一次技术和人才的革命性变革。微电子产品将如同细胞组成人体一样，成为现代工农业、国防装备和家庭耐用消费品的细胞，改变着社会的生产方式和人们的生活方式。微电子技术不仅成为现代产业和科学技术的基础，而且正在创造着代表信息时代的硅文化。人类继石器、青铜器、铁器时代之后正进入硅石时代。

二、计算机技术

从近几年计算机科学的发展来看，计算机科学技术的具体发展趋势主要有以下几个方面：

（一）运算速度大大提高的高速计算机

近年来，美国人发明了一种通过空气的绝缘性来大幅度提高电脑运行速度的新技术。由纽约保利技术公司研究人员发明生产出一种电脑中使用的新型电路，这种电路的芯片之间是由一种"胶滞体包裹的导线"进行连接的，而组成这种"胶滞体"的物质中有90%的成分是空气。众所周知，空气恰恰是一种不导电的优良的绝缘体。经实践研究表明，计算机运行速度的快慢与晶体管或芯片之间信号的传递速度有直接关系，目前国际上普遍采用的"硅二氧化物导线"在信号传递的过程中一般都会吸收掉一部分信号，因此延长了传递信息的时间。而保利技术公司研究制造的这种"胶滞体导线"在信息传输过程中几乎没有吸收任何信号，所以它能够更快地传递信息。除此之外，这种导线不但有利于大幅度降低电耗、节约材料成本，而且无须更改计算机芯片，可直接安装，最重要的是极大地提高了计算机运行速度。但美中不足的是，这种导线的散热效果较差，无法及时排出电路生成的热量。为此，保利公司迅速组织科研人员针对这一缺陷进行创新改造，终于研究出一种"电脑芯片冷却"技术，即在计算机电路中放置许多装有液体的微型管道，用以吸收电路在工作中产生的热量。电路开始发热时，其产生的热量可以将微型管中的液体汽化，汽化之后的物质逐渐扩散到微型管的另一端，会重新凝结，顺流到微型管底部，从而达到吸收热量、有效散热的功效。目前，美国宇航局正在对该项技术进行太空失重实验，如果实验取得成功，"空气胶滞体"导线技术将被广泛应用于全球的计算机中，有助于大幅度提高计算机的运行速度。

（二）超微技术领域的生物计算机

早在 20 世纪 80 年代，生物计算机就已经投入研制了。这种计算机最大的特点就是利用生物芯片，由生物工程技术中所产生的"蛋白质分子"组合构成。在这种生物芯片中，信息是以波的方式进行传递的，其运算速度快得惊人，几乎相当于普通计算机运算速度的 10 万倍，且具备强大的储存空间，而其能量消耗仅为普通计算机的 1/10，这种生物计算机的优势显而易见。由于蛋白质分子具有再生能力，因此，它可以通过自我组合而合成新的微型电路，这样就使得计算机具备了生物体的基本特征，因此被称为生物计算机。例如：这种计算机可以通过生物自身的调节作用自主修复出现故障的芯片，甚至能够模拟人脑进行思考。1994 年，美国首次将生物计算机公之于世，随之公布的还有模拟电子计算机进行的逻辑运算，并提出了解决"虚构"的七座城市之间路径问题的最佳设计方案。前不久，来自世界各国的 200 多名计算机专家学者就曾经齐聚美国的普林斯顿大学，联名呼吁计算机科技应向生物计算机领域努力进军。根据现在的生物计算机技术发展来看，预计在不久的未来，将可以制造出通过物理和化学作用就能检测、处理、储存、分析、传输数据信息的分子元件。现阶段，计算机科学家们已经在生物超微技术领域取得了一定成就，实现了部分突破，制造出了超微机器人。而科学家们更长远的计划是让这种超微机器人变成一部微型生物计算机，从而在生物体内取代某些人体器官，完成血管、内脏等器官的修复任务，并杀死病毒细胞，使人类身体健康、延年益寿。

（三）以光为传输媒介的光学计算机

光学计算机是一种以光作为信息传输手段的计算机。这种计算机与传统计算机（电子）相比，具有诸多优势和特点：光的速度有目共睹，这是电子计算机永远无法比拟的，并且光具有一定的频率和偏振特征，大大提高了光学计算机传输信息的能力；光的发射根本不需要任何导线，即使发生交会也不会造成干扰；光学计算机的智能水平也大大高于电子计算机。可见，光学计算机是人类不断追求的理想计算机。早在 20 世纪 90 年代，世界各国以及各个科研机构就已经投入大量的人力、物力、财力用于研发"光脑技术"。其中，由英国、德国、法国、意大利等 60 多个国家组成的科研队伍研发的光学计算机成果显著，该计算机的运算速度比电子计算机快了 1000 多倍，而且准确率相当高。除此之外，有些超高速计算机只能在低温状态下运行，而光学计算机不受温度的限制；光学计算机的存储量超大，抗干扰能力超强，不管在什么条件下都能正常运行；光脑具有与人脑相似的特性，就算系统中的某一元件出现损坏，也不会影响运算结果。

（四）含苞待放的量子计算机

计算机专家已经根据量子学理论知识，在量子计算机的研制方面取得了一定成果，如美国科学家已经成功完成了 4 个"锂离子"量子的缠结状态，这一成果体现了人类在量子计算机研究领域中已经更上一层楼。

（五）应用纳米技术的纳米计算机

纳米计算机是用纳米技术研发的新型高性能计算机。应用纳米技术研制的计算机内存芯片，其体积只有数百个原子大小，相当于人的头发丝直径的 1‰。美国正在研制一种连接纳米管的方法，用这种方法连接的纳米管可用做芯片元件，发挥电子开关、放大和晶体管的功能。专家预测，10 年后纳米技术将会走出实验室，成为科技应用的一部分。纳米计算机体积小、造价低、存量大、性能好，将逐渐取代芯片计算机，推动计算机行业的快速发展。

三、网络技术

网络技术有向多业务、高性能和大容量方向发展的趋势，包括网络通信技术、网络安全技术和网络服务技术。网络互联协议（IP）业务将呈爆炸式增长态势，宽带综合业务数字网、超高速因特网将成为未来网络技术发展的重点，向用户提供无限带宽、实现网络多媒体实时通信且能极大降低网络传输成本的光通信网络技术将取得长足发展。

四、通信技术

现代通信技术是现代信息技术中最为重要的组成部分及内容。人们通常并没有把所有的信息传输都纳入现代通信的范围。一般情况下，人们仅把与文字、语音、图像及数据等有关的信息传输作为现代通信的内容。笔者认真对现代通信技术的宽带化、综合化、个人化及智能化等基本特征进行了分析探讨，提出现代通信技术的数字化、智能化、综合化和普遍化等发展趋势与方向。

（一）数字化发展

数字化发展是现代通信技术的必然发展趋势之一，特别是那些大容量、高质量的数字微波中继通信技术，必然成为近年来干线通信技术发展的主要趋势与方向。同时，为了实现现代通信技术多点对多点间的对接，以数据传输为主要手段的计算机通信技术，自然成为现代通信技术向自动化方向逐步发展的重要渠道之一。这样一来，就使得基于计算机通信技术的通信综合业务日渐发展起来，诸如宽带和窄带综合业务数字网（即 B-ISDN 和 N-ISDN）等就成为现代通信综合技术发展的重要趋势。此外，移动通信往往具有灵活、机动、方便等基本特征，能够实现多区域间的通信需要，也较为方便建网。所以，数字移动通信系统成为现代通信技术的发展趋势之一。

（二）智能化发展

智能化发展，是现代通信技术发展的重要趋势。比如，采用卫星通信技术就能够实现全球范围内的实时通信，也是目前较为理想的通信手段及渠道之一。尤其是数字卫星通信技术，必然成为未来卫星通信技术的重要方向。当前，数字卫星通信技术的发展和应用主要体现在卫星电视直播、卫星应用、军用、民用等产业方面。值得一提的是，卫星通信与互联网等的有机融合，逐步扩展、丰富了现代通信技术的领域、范围及内容。

（三）综合化发展

未来的干线通信及多种有线通信技术，都是现代通信技术发展的必然趋势。而以高速光传输、节点光交换、宽带光接入及智能光联网等技术为核心，且面对 IP 互联网应用的光波技术，已成为光纤通信技术研究的热点及方向。从现代通信技术发展的趋势来看，波分复用（WDM）技术将会向着更高的信道速率、更多的信道数及更密的信道间隔等趋势发展。而从现代通信应用的角度而言，光纤通信网络则向着 IP 互联网方向发展，业务融入更多，资源配置更灵活，生存性能更优越。特别是为了同近期现代通信技术的需求相一致，光纤通信技术基本实现了超高速、长距离、大容量等传送功能，并在此基础上，正向着智能化、综合化等方向发展。

（四）普遍化发展

一般而言，现代通信除上述发展趋势外，还日益向普遍化方向发展。这就要求发展一种抗干扰能力极强、能够充分利用有限的无线电频谱资源以及以军用战术通信等为主要手段,同时在民用通信中有发展前景的扩频现代通信技术,这将成为今后现代通信技术发展的重要趋势。目前,这种通信技术正在迅速发展起来,从而真正实现在任何时间、任何地点、任何空间和任何对象之间以任何方式进行通信信息交换、传输,这也是现代通信技术重要的发展趋势之一。

五、软件技术

未来一段时期,软件技术发展的主要趋势可以概括为网络化、融合化、可信化、智能化、工程化、服务化,并且呈现出新特点和新内涵。

（一）网络化

网络软件的发展趋势是在网络体系结构的基础上,建造网络应用的支撑平台,为网络用户和应用系统提供良好的运行环境和开发环境。网络中各种软件技术将相互融合、相互促进,软件的基本模型越来越符合人类的思维模式。在计算机网络软件方面,未来主要的研究方向有:全网界面一致的网络操作系统,不同类型计算机网络的互联（包括远程网与远程网、远程网与局域网、局域网与局域网）,网络协议标准化及其实现,协议工程（协议形式描述、一致性测试、自动生成等）,网络应用体系结构和网络应用支撑技术研究等。

以传感网与物联网为标志的第三波全球信息技术（IT）产业化浪潮的来临,将催生大量传感网与物联网系统中的软件（包括感知层、传输层与应用层）、各类网络的接入与互联（包括传感与移动通信网、移动通信网与互联网、物联网与互联网中间件以及数据挖掘与分析软件）;软件和中间件是物联网的灵魂。需要集中攻克制约物联网软件发展的各种因素:计算与物理的差异性、程序的时空特性、系统的不确定性、物联网领域语言与高可信软件验证等。

（二）融合化

2000 年之后,信息技术进入"后 PC"（Post-Personal Computer）时代。随着信息技术的迅猛发展,满足用户对一体化、集成化的产品或解决方案的需求成为可能,嵌入式系统、集成创新、一体化平台等都是软件技术趋于"融合"的表现形式。

1. 终端产品的功能趋于"融合","智能化产品"前景广阔。面对数字模拟融合、微机电融合、硬软件设计融合的趋势,具有性能高、成本低和体积小等特点的新一代系统级芯片（System on Chip,SOC）成为 IT 发展方向;最典型的就是个人计算机、通信、消费电子与内容的功能融合,即 4C（Computer,

Communication，Consumer，Content）技术融合，形成"智能化产品"或"数字家庭产品"。研发符合开放标准的软硬结合、软件固化的嵌入式基础软件和嵌入式应用软件，使嵌入式技术广泛地应用于各行各业，将成为后 PC 时代 IT 领域发展的重要趋势；2020 年后无所不在的传感网络，将进一步推动无线射频识别技术（RFID）与移动通信、传感技术、生物识别等技术的融合；嵌入式技术与互联网技术的"深度"融合，将使嵌入式产品成为互联网的主要终端之一，嵌入式基础软件将成为互联网接入设备的基础。

2. 操作系统、数据库和中间件逐步融合的体系化趋势促使软件平台向一体化方向发展，软件平台体系竞争趋势凸显。在网络运行环境下，软件运行平台需要连接并管理网络上数量众多的异构、自治的硬件资源和软件资源，包括主机、操作系统、数据库和应用等。在这种需求的驱动之下，软件中间件便成为网络环境下的软件运行平台。随着网络环境的快速发展，原有各种不同功用的中间件，如数据访问中间件、消息中间件、分布计算中间件等，正在不断融合，呈现出一体化的趋势。体系化趋势促使软件平台向一体化方向发展，操作系统、数据库和中间件一体化趋势明显，软件的竞争逐渐发展成软件平台体系竞争，软件平台体系将成为网络环境下各种应用服务的支持基础。

3. 应用层面和产业层面的融合、IT 产业与传统产业的渗透融合、信息化与工业化的融合（两化融合）势在必行，"工业软件"需求旺盛。在迈向信息社会过程中，信息技术广泛融入社会生产、社会生活，工业化与信息化逐步融合，将使人类社会的生产和生活方式发生重大变革。IT 产业与相关产业融合，将催生一系列新兴的融合产业，如物联网和智慧地球就是融合产业的典型。物联网是传感网、移动通信网与互联网的智能融合，智慧地球是物联网与互联网的智能融合。工业化与信息化的融合，是我国软件技术产业发展的必然趋势。工业软件指的是能够使机械化、电气化、自动化的生产装备具备数字化、网络化、智能化特征的软件。它不是一般意义上的软件，而是一个复杂的系统工程，其最终目标是提供一个面向产品全生命周期的网络化、协同化、开放式的产品设计和制造平台。传统产业改造升级以及行业信息化发展步伐的加快，将对行业应用软件产生巨大的需求；为满足市场对工业软件的需求，大力发展工业软件、促进工业化与信息化的融合势在必行。

4. 各类异构多网融合，构建无处不在的全新网络环境——泛在网（Ubiquitous Network）是大势所趋。"三网融合"是电信网、广播电视网、计算机网的发展方向，通过"三网融合"充分利用各种卫星、地面无线和有线的接入手段；传感网与互联网、信息与物理系统融合（CPS）的本质是 3C（Computation，Communication，Control）技术的有机融合与深度协作，是信息和物理世界的深度融合交互，是计算、物理和控制等多学科的交叉与融合。传感网、通信网、互联网和识别技术融合集成将构建未来泛在网，实现人与人、人与物、物与物之间任何时间、任何地点的通信网络。其最终目标是实现传感网、通信网、互联网、物联网的深度融合和协同。

5. 其他 IT 和软件技术融合化还表现在：数据库与万维网的融合；数据库和信息检索的融合；时空数据库与传感技术的融合；数据库与移动技术的结合等。

（三）可信化

在计算模式向"以网络为中心的环境和面向服务的体系结构"发展的过程中，软件的运行环境（包括网络环境、物理环境）不断开放和动态变化，使得软件构件在无监督下实现可信安全交互的需求日趋强烈。然而目前的理论、技术和管理储备均不足以应对开放性带来的挑战。例如，无线通信的广泛采用，可能会给网络中引入不良的构件；开源软件的大量引入，对传统的软件质量提出了挑战等。一般认为，软件的"可信性"是指软件系统的动态行为及其结果能符合使用者的预期，即使在受到干扰时仍能提供连续的服务。它强调目标与现实相符，强调行为与结果的可预测性和可控性。而可信软件生产技术则是以提高软件可信性为主要目的的软件生产技术。目前，与可信相关的研究正在全世界蓬勃发展。可信软件的主要内涵是安全、正确、可靠、稳定，高可信技术将大大提高软件产品的可用性、安全性和可靠性，成为网络技术应用的关键。高可信软件生产工具及集成环境是基础软件的重要组成部分，既是软件技术发展的技术制高点之一，也是我国软件产业发展的关键基础，具有重要的现实意义和长远的战略意义。我国《国家中长期科学和技术发展规划纲要（2006～2020年）》中，将可信软件系统列为国民经济和社会发展重点领域之一的"现代服务业信息支撑技术及大型应用软件"优先主题的重要内容。从目前现实来看，我国可信软件产业已有了一定程度的发展，但尚处于初级探索阶段。所以，大力发展自有知识产权的可信软件及相关技术势在必行。

（四）智能化

人的认知系统对信息和知识的处理、加工与利用的能力，远远超过现有的任何计算机信息处理系统。探索智力的本质，研制具有更高智能水平的机器和信息处理系统就成为历史的必然。从计算机应用系统的角度出发，人工智能是研究如何制造智能机器或智能系统来模拟人类智能活动的能力，以延伸人类智能的科学。新一代操作系统智能化，表现为不仅能发现问题，而且具有自动修复、自动调整等能力，能够在硬件出现故障时，自动屏蔽相应的硬件设备，从而保护重要的数据。物联网的核心是解决通过智能化获取信息、传输信息和处理信息的问题。智慧地球的核心是解决"更透彻的感知、更全面的互联互通和更深入的智能化"，即物联化、互联化和智能化，只有智能化才能加速实现"数据—信息—知识—决策—行动"的转化过程，软件智能化是软件技术发展的重要趋势。近年来，自然计算（Nature Inspired Computation）顺应当前多交叉学科不断产生和发展的趋势，其内涵与外延不断扩展，应用领域包括复杂优化问题求解、智能控制、模式识别、网络安全、硬件设计、社会经济、生态环境等方面，具有广阔的应用前景。目前软件智能化的发展趋势表现在：

（1）从低级走向高级（逻辑推理—拟人智能）；

（2）从浅层走向深层（模拟行为—模拟情感）；

（3）从分立走向融合（观点分立—达成共识）；

（4）从软件走向知件（数据处理—知识处理，科学计算—社会计算）；

（5）从理论走向应用（理论研究—应用推广）；

（6）从微小型走向巨大型（单体、微型、小型—多体、大型、巨型、全球）。

综上所述，"信息—知识—智能转换理论"将成为信息时代科技的灵魂。智能科学技术是现代科学最广阔、最丰富的领域。基于认知机理的智能信息处理在理论与方法上的突破，有可能带动未来信息科学与技术的突破性发展。发展新的智能科学与技术，是今后 50 年的重要目标。

（五）工程化

从 20 世纪 70 年代开始，"软件工程"的概念和方法逐步得到实际应用，开始以工程化的生产方式设计、开发软件；工程化趋势推动了复用技术和构件技术的发展，降低了软件开发的复杂性，提高了软件开发的效率和质量。但是，传统的软件工程方法学体系，本质上是一种封闭和静态的体系，难以适应网络（Internet）开放、动态、多变的特点。为了适应这种新特点，软件系统开始呈现出一种柔性可演化、连续反应式、多目标自适应的新系统形态。从技术的角度看，在面向对象、软件构件等技术支持下的软件实体，以主体化的软件服务形式存在于 Internet 的各个节点之上，各个软件实体相互间通过协同机制进行跨网络的互联、互通、协作和联络，从而形成一种与万维网（WWW）相类似的软件 Web（Software Web），这种 Internet 环境下的新的软件形态称为网构软件（Internet Ware）。网构软件技术与方法已成为新一代软件工程化开发方法的新趋势，它是实现面向 Internet 的软件产业工业化与规模化生产的核心技术基础之一。

产品线（Product Line）是一个产品集合，这些产品共享一个公共的、可管理的特征集，这个特征集能满足选定的市场或任务领域的特定需求。这些系统遵循一个预描述的方式，在公共的核心资源基础上开发。软件产品线是一种基于架构的软件复用技术，有利于形成软件产业内部的合理分工，实现软件专业化生产。

（六）服务化

软件即服务（SaaS）已成为软件产业或软件服务发展及未来管理软件并提供服务的重要趋势。体现在运行平台上的服务融合，即通信服务、内容服务、计算服务等融合。服务化趋势使各种软件产品以服务的方式向用户提供，这将极大地改变软件应用模式和商业模式，进而影响软件产业的格局。服务计算（Services Computing）的目标，是以服务作为应用开发的基本单元，能够以服务组装的方式快速、便捷和灵活地生成增值服务或应用系统，并有效地解决在分布、异构的环境中的数据、应用和系统集成问题。软件服务的本质就是人们不再需要拥有软件产品本身，而是直接使用软件所提供的功能。云计算就是一种基于虚拟化网络环境的新型的服务计算模式（云服务），是一种共享基础架构的方法，其核心是整合网络系统所有的计算资源、数据存储和网络服务，使各种应用系统能依据需要动态地获取各种资源和软件服务。连接网络的大量数据中心构成云端，云端既可以通过互联网向用户提供基础架构即服务（IaaS），也可以提供平台即服务（PaaS）以及软件即服务（SaaS）。平台和软件、各种服务（XaaS）都可以从网上得到。但是，在开放网络环境下，仍有一些问题亟待解决，包括快速准确的服务发现、明晰一致的服务语义、按需的服务协同、灵活的服务组装、可信的服务质量、跨域服务的安全保障等。

当前，全球范围内的信息产业结构调整日趋明显，软件服务业的增速加快，我国的软件服务业面临难得的发展机遇。发展软件服务业，为其快速发展提供良好的支撑，建设软件与信息服务外包公共支撑平台，健全相应的知识产权和信息安全保护体系，大力培育服务外包国家品牌、服务外包人才和骨干企业，做大做强软件服务外包产业势在必行。

六、显示技术

（一）薄膜晶体管液晶显示器（TFT-LCD）技术方向

全球 TFT-LCD 的发展正由成长期向成熟期转变，产能规模稳步扩大，在继续抢占 TFT-LCD 主流市场（如笔记本电脑显示器面板、台式电脑显示器面板和液晶电视面板）的同时，也积极向应用市场靠近，注重向个性化和专用化产品拓展。TFT-LCD 实现产业化已近二十年，工艺技术和设计技术构成相对成熟，但在降低成本和提升产品性能方面仍存在科技创新空间。

1. 产品性能提升技术：为了获得高画质（色彩更丰富、亮度更高、对比度更大）、高临场感（尺寸更大、画面更清晰、视角更宽、响应速度更快）以及更节能（更薄、更轻、更省电）产品，目前已将发光二极管（LED）背光技术、120 赫兹（Hz）驱动技术等新技术导入到大规模量产线上，大尺寸超高分辨技术、240Hz 驱动、场序显示等技术也在研发过程中。

2. 低成本技术：通过简化工艺、提高良品率等方式，可以降低生产成本。光罩（Mask）减少技术、阵列基板行驱动（Gate Driver on Array，GOA）技术等工艺技术的改进，可以简化工艺，达到降低成本的目的。另外，光取向技术也正在逐步进入量产化研究的阶段。

3. 薄膜晶体管（TFT）阵列技术：TFT 是 TFT-LCD 屏的核心技术，目前均匀性和迁移率还有待提高。轻薄型 TFT-LCD 产品通过功能集成增加产品附加值来拓展应用。为实现更高的集成度，高迁移率的 TFT 技术是业内研究的重点，氧化物 TFT、有机 TFT 等新型结构也在研究中。

（二）等离子显示器（PDP）技术方向

与 TFT-LCD 技术相比，PDP 技术主要问题在高分辨率和高发光效率，特别是在高分辨率上难以和 TFT-LCD 技术竞争，加上其他因素，目前 PDP 在 50 英寸以上领域才有优势。PDP 正在向高亮度、高分辨率（全高清/高清）、高画质、长寿命、低功耗方向发展。高发光效率是目前 PDP 亟待解决的问题，发光效率的提高可使模组成本和能耗显著下降。据测算，发光效率从 2.5 lm/W（流明/瓦）提高到 5 lm/W 时，模组成本可降低约 20%，能耗降低 50%；发光效率提升到 10 lm/W 时，模组成本可降低约 50%，能耗降低 75%。目前 PDP 产品的发光效率在 1.5～2 lm/W，发光效率的提升还有很大空间。四川长虹公司在引进消化吸收基础上自主研发，通过使用低介电常数透明介质技术、高氙（Xe）放电气体技术、新型氧化镁（MgO）技术以及高光效荧光粉技术，光效可达到2.2 lm/W，该技术将在长虹下一代 PDP 产品中体现。届时 50 英寸高清（HD）的 PDP 功耗将降低到 200W 左右，产品的驱动电压、电流将进一步下降，驱动电路和电源的器件规格可以使用成本更低的器件，产品的可靠性和抗电磁干扰（Electro-Magnetic Interference，EMI）性能都将得到进一步提升。

通过对气体、开口率、电极结构、障壁结构、驱动线路等进行研究和开发，达到低功耗、高效率显示的目的；通过对新型电极浆料、介质浆料、障壁浆料、荧光粉浆料、高速驱动技术及全高清（FHD）的单扫技术等的开发，可提高 PDP 亮度和分辨率；通过器件和结构件一体化设计、新型工艺设备开发，达到简化工艺的目的；通过制造过程良品率的提升，提高 PDP 产品成本方面的竞争力。

（三）有机发光显示器（OLED）技术方向

由于 OLED 具有自发光和薄膜结构的优点，除了主动驱动式 OLED（Active Matrix OLED，AMOLED）和被动驱动式 OLED（Passive Matrix OLED，PMOLED）器件应用技术的开发之外，柔性显示以及 OLED 白光照明将是 OLED 重要的拓展领域。

困扰 OLED 柔性显示的主要问题是器件的寿命很短、制作过程中基板的形变无法控制，因此解决基板的气密性和封装技术及显示器的制备工艺问题是 OLED 柔性显示器的主要课题。OLED 具有可做面光源、节能、低热量、重量轻、薄型化和可实现柔性照明的优点，被认为是下一代的照明技术。目前市场上推出的 OLED 照明产品的发光效率约为 20 lm/W，寿命为 6000 小时，但成品率和照明亮度还不理想。因此，需要解决发光效率、寿命及低成本技术的问题。

在 OLED 材料方面，OLED 发光材料的发展非常迅速，红、绿、蓝三色材料的发光效率和发光寿命均基本满足实用化需求。但色纯度、发光效率、寿命的进一步提高依然是今后一段时间内的主要工作，特别是色纯度好、发光效率高的深蓝色材料仍然是 OLED 的主要瓶颈之一。此外，适用于 AMOLED 的有机材料开发仍然有广阔的研发空间。在 OLED 器件设计和制备方面，PMOLED 技术及其制造工艺已经成熟，并进入了产业化阶段。中小尺寸的 AMOLED 显示技术也已取得重要突破，进入产业化初期阶段。大尺寸 AMOLED 显示技术是当前技术研究的重点方向之一，其核心技术仍是 TFT 基板的制备技术。

总之，OLED 技术已经初步满足实用化的要求，并在材料、彩色化、大尺寸、柔性显示、照明方面都还有很大的发展空间。从长远来看，OLED 未来将沿着中小尺寸—大尺寸—超大尺寸、无源—有源、硬屏—软屏的方向发展。

（四）场致发射显示器（FED）技术方向

除在显示领域的应用外，FED 的发展有望拓展至背光源与照明领域，采用二极式碳纳米管 FED 技术，配合驱动电路，可实现高亮度、低功耗、区域调光。在显示方面，未来的工作朝改进型 Spindt 技术、微纳冷阴极技术或基于低逸出功材料的印刷技术方向发展，预期 2015 年开始进行显示产品的中试与量产。

（五）电子纸技术方向

浏览"电子出版物"已经成为一种时尚的阅读方式而逐渐被人们接受，人们希望研制一种低能耗、高反射、宽视角、超薄轻便的便携式显示器。电子纸显示技术（E-Paper 技术）的出现使这一希望变为现实，并且平板显示技术开拓了媒介产品领域的应用空间。电子纸按种类可分为电泳显示、胆固醇液晶显示、双稳态向列项液晶显示和电润湿显示电子纸等几种。目前电子纸的主流产品是电泳显示电子纸，主要供应商是台湾元太科技国际控股公司的子公司 E-LNK，由于其市场份额占 95%以上，处于垄断地位，因而掌握了市场定价权。这几年应用电子纸的显示屏价格也有所下降，但幅度不大，而且降价的动力主要是为了做大市场以及与平板电脑（Pad）竞争，而不是与同行竞争。由于纳米电子墨水显示技术还处于彩色显示的商业化初期，目前的主要任务是尽快完善彩色显示技术、开发市场。其技术发展趋势可总结为如下几个方面：

（1）静态显示向动态显示发展。目前开发的电子纸张大多只能显示单色静态图像，开发能够实现彩色以及动态图像显示的产品是电子纸发展的必然趋势。现有产品的响应时间大约为 150～200 毫秒（ms），与液晶显示器（LCD）的 5ms 相比慢很多。要想提高电子纸的动态显示效果，加快其响应速度是当务之急。

（2）双色显示向彩色显示发展。通过层叠彩色滤色器来实现彩色显示，是电子纸实现彩色化的途径之一。

（3）硬质显示向柔性显示发展。今后将大力开发适合低温工艺的非晶硅薄膜晶体管（a-SITFT）技术。氧化物半导体 TFT 和有机 TFT 是低温工艺 TFT 的方向，可作为柔性基板电子纸的突破口。

（4）成本偏高向低生产成本发展。低成本制作方面主要是开发和采用卷对卷的工艺技术。这种工艺和传统的平板显示工艺完全不同，工艺简单、效率高，设备也便宜，可以大大降低生产成本，是电子纸生产的最终目标。

第二章　电子信息产业全球布局

电子信息产业是全球化程度最高的产业之一，其价值活动各环节遍及全球，并在一些特定区域高度集聚。本章将从全球价值链与产业链、全球分工与布局和两岸分工与布局三个方面进行介绍。

第一节　全球价值链与产业链

全球价值链就是从全球的视角来考察一项产品（或服务）从概念、研发、设计、生产制造、销售直至后续服务这一价值不断增值的过程。与传统价值链的显著区别就在于产业布局从一国（或地区）延伸至全球。本节将从电子信息产业全球价值链现状、全球电子信息产业价值链的主要发展趋势、电子信息产业价值链的构成、我国电子信息产业在全球分工体系中的定位和当前国际分工体系对我国电子信息产业安全的负面影响等方面进行介绍。

一、电子信息产业全球价值链现状

电子信息产业内涵非常丰富，包括微电子、光电子、电子元器件、软件、计算机、通信、网络、消费类电子以及信息服务业等众多行业，涉及制造业和服务业两大领域。世界电子信息产业发展历程中，同样发生着产业的梯度转移，或者说价值链的梯度转移。电子信息产业在美国兴起，依靠其雄厚的经济实力，从基础研究、应用研究到技术开发、产品开发等方面全方位推进，一直站在全球价值链的最高端。第二次世界大战之后，日本及部分欧洲国家通过承接产业转移、引进技术、消化吸收再创新，依次实现了电子信息产业的工艺流程升级、产品升级和功能升级（从广义的电子信息产业来讲，包括制造业与服务业两部分，因此不包含价值链升级，只有在研究对象为狭义的电子信息制造产业或细分的行业部门时才可能出现），在全球价值链上获得了竞争优势。20世纪80年代之后，韩国、新加坡以及中国台湾地区等陆续承接了美、日等国的产业转移，形成了加工组装—委托加工—自主设计与加工—自主品牌生产（OEA—OEM—ODM—OBM）的发展路径，在具有了一定的研发能力、核心技术与品牌优势之后，把低附加值的加工组装制造环节继续向发展中国家和地区转移。

电子信息产业往往具有高价值/重量比和高价值/体积比特征，是全球化程度最强的产业之一，电子信息产业价值链各环节在全球不同区域分布以及在某些区域集聚的现象非常明显。在全球化背景下，电子信息产业价值链的各个环节在不同区域共同发展，目前已形成以各环节在相应区域集聚发展为基础的协同发展网络。但这些地区在电子信息产业价值链中所处的地位并不相同。美国及部分欧洲国家处于产业价值链的高端，它们拥有品牌，负责标准制定和产品研发以及系统集成，控制着核心产品和新产品的生产；日本是世界电子信息产业的第二大国，是世界消费电子产品的霸主，在微电子、光电子产品以及计算机方面仅次于美国，并具备较强的研发能力，尤其拥有精湛的生产工艺；韩国、新加坡以及中国台湾地区处于产业价值链的中端，经过积累，它们已具备较好的生产技术，正发展成为集成电路等部分关键元器件的生产基地，并生产部分高端产品和新产品；而具有劳动力比较优势的发展中国家和地区则处于产业价值链的低端，主要从事一般元器件的生产以及整机的加工和组装。

由于行业间差异较大，本节选择计算机产业作为案例。计算机是典型的组装性行业，全球化分散与集聚特征明显。计算机产业价值链主要由芯片、零配件—外设—整机生产与组装—计算机软件及服务业四个主要环节构成。这些环节基本可分为研发设计、采购、生产及销售四大价值活动。其中，零配件分为一般元件和核心元件两大类，外设和整机又分成中低档产品和高档产品两大类。由于各个环节的特性不同，对要素条件的需求存在差异性，导致计算机产业价值链上的各个环节在全球范围内寻找最佳的地点发展从而形成了全球性的产业价值链。尽管我国在计算机产业上取得了重大的突破，拥有联想、方正、同方、长城、紫光、曙光、浪潮等一批民族企业，也开发出服务器等高端产品，并在国内市场上与国外计算机公司有着较强的竞争力；但无论是在技术还是在产品方面，我国目前都处于计算机产业价值链的低端，主要是生产一般元件和中低档产品，技术方面的进展主要也是围绕一般性生产技术以及外围技术。在产业价值链上所处的位置就决定了虽然我国目前已成为全球计算机生产的第一大国，但盈利水平并不高，在核心技术、高端产品和基础软件方面仍旧依赖国外。

二、全球电子信息产业价值链的主要发展趋势

（一）电子信息产业价值链全球化和区域化趋势明显

伴随着全球化进程的加速，产业国际分工深入发展，为获取最大利润，产业链上的各个环节在全球寻找最适合的地区进行发展。具有高价值/重量比和高价值/体积比特征的电子信息产业尤其如此，其全球性采购、全球性生产、全球性经销的趋势非常明显。以个人电脑（PC）为例，中央处理器（CPU）由美国英特尔公司生产，硅芯片在日本生产，主板在中国台湾地区生产，显示器在韩国生产，而最后产品的组装则是在中国大陆完成，并由中国香港地区行销。同时，由于贸易及非贸易的相互依赖关系，电子信息产业价值链上的环节往往又会在某些区域集聚发展，呈现出明显的区域化趋势。如：美国和日本是计算机的标准制定中心、研发设计中心，中国台湾地区主要是新产品和核心部件的生产中心，而中国大陆的珠三角地区则是零部件的生产基地和部分整机的组装基地。

（二）电子信息产业价值链上制造与服务环节融合发展的趋势明显

电子信息产业价值链上制造与服务环节融合发展的趋势明显，呈现出制造产品服务化和服务内容产品化的双重发展态势。而且，产品本地化设计生产销售服务的趋势加强。为了争夺国际市场，出于准确把握本地客户需求、快速反应以及节省成本的需要，很多跨国公司都大力推进本地化战略，在发展中国家和地区建立生产基地，甚至配备相应的产品设计中心，并提供本地化的销售和服务。

（三）市场逐渐成为驱动电子信息产业价值链发展的又一重要动力技术

市场逐渐成为驱动电子信息产业价值链发展的重要动力。在最初的产业化阶段，技术在电子信息产业价值链上处于主导地位，但随着时间的推移，技术发展进入稳定发展期，技术应用开始平民化，技术对产业价值链的推动作用减弱，而此时深入挖掘客户需求、满足客户不断提高的需求转而成为推动产业价值链发展的主导动力。有学者指出，消费需求是影响产业价值链形成与变化的首要因素，也是决定性因素。可见，对于需求方规模经济效益突出的电子信息产业而言，市场正成为同技术一样重要的驱动电子信息产业价值链发展的

动力。

（四）组织模式趋向扁平化，大小企业协同发展的虚拟生产网络正逐渐形成，企业联合研发趋势加强

由于电子信息产业价值链上各环节之间的融合趋势加强，电子信息产业的组织模式发生了快速的变化，逐渐形成了大小企业协同发展的虚拟生产网络。而且由于电子信息产业对技术创新依赖程度高，而研制开发投资多、风险大，且难度又大，因此企业之间联合研究开发的趋势不断加强，即研发环节的合作大大地得到了增强。

（五）构成产业价值链主体的企业呈现出专业化与综合化发展并存的趋势

一方面，越来越多的企业立足于产业链某个环节，甚至是产业链某环节的某项价值创造活动，走专业化发展道路；另一方面，以大型跨国公司为代表，企业通过整合产业链上下游环节，出现了集研发、生产、销售、服务等价值创造活动于一体的综合性发展趋势。

（六）软件、集成电路、新型元器件正成为电子信息产业价值链上的核心竞争领域，集成电路和新型元器件是电子信息产业的基础

软件是电子信息产品的灵魂，均具备高技术含量、高附加值的特点，在电子信息产业价值链上具有较高的地位。在一定意义上，美国、日本等发达国家能在电子信息产业中处于领先地位就是因为它们掌握并控制了核心软件和关键元器件的标准、技术和品牌。目前，世界各国纷纷加大了对这些领域的投资，以期获得突破，从而减少对发达国家核心产品的依赖。

三、电子信息产业价值链的构成

电子信息产业内涵非常丰富，包括微电子、光电子、电子元器件、软件、计算机、通信、网络、消费电子以及信息服务业等众多行业，涉及制造业和服务业两大领域。根据这些产业间的上下游关系和功能作用，基本可以把电子信息产业分为四大类：（1）基础产业，包括微电子、光电子和其他电子元器件产业；（2）核心产业，主要分为计算机和软件产业；（3）信息应用基础产业，包括通信、网络产业，它们能为信息应用提供基础设施平台；（4）信息应用产业，包括消费类信息产品、信息咨询业以及与各行各业相结合的信息服务业。电子信息产业价值链最一般的分析框架可以抽象为原材料生产与供应—芯片及元器件生产—初级产品生产—整机生产与组装四个主要环节，其中每个环节又涉及研发/设计、采购、生产、销售和服务五大价值创造活动，各个环节之间通过信息流、物流和资金流联系在一起。整机类产品分为计算机、通信设备、网络设备、消费类电子产品等，要实现这些设备的功能，常常还需要相应的软件产品，并提供服务支持。不同的整机设备具有不同的产业特征，在具体产业价值链构成上也存在差别。如：计算机产业价值链基本可划分为原材料生产与供应—芯片、零配件生产—外设生产—整机生产与组装—计算机软件及服务业五个主要环节；通信产业价值链基本可划分为原材料生产与供应—专用芯片、零配件生产—通信网络设备—通信终端设备—电信服务业五个主要环节。

在经济全球化的背景下，国际电子信息产业分工方式的特点是：以跨国公司为主导的要素和产业价值链纵向分工方式的形成与高度细分化，以及产业间分工、产业内分工和产品内分工并存。产业价值链纵向的高度分工化，即发达国家跨国公司占据研发、品牌、销售渠道等高端环节，而把加工、组装、制造等劳动密集度相对高的产业环节转移到低成本的发展中国家，形成了跨国公司在全球范围内优化布局其产业链，加工、组装、制造等环节与研发、设计、品牌等环节空间分离的格局。中国凭借劳动力成本优势，承接国际产业转移，在全球产业价值链中处于加工组装的低附加值环节。

四、中国电子信息产业在全球分工体系中的定位

（一）中国已成为全球电子信息产品重要制造基地

目前中国已经成为电子信息产品制造大国，形成了产品门类相对齐全的制造业体系，彩电、手机、笔记本电脑、视盘机、收录放机、电话机、磁性材料等产品产量居世界第一，有些产品占有全球较大的市场份额，初步形成了具有一定竞争优势的长江三角洲、珠江三角洲、环渤海三大信息产业集群和比较强的产业配套基础。

（二）中国处于全球电子产品价值链的低端和外围环节

中国电子信息产业在全球产业分工体系中还处于中、低端环节和外围的地位。从系统角度看，在标准制定—设备开发—终端产品的技术层次中，欧美、日本一般处于前两个环节，中国则处于"终端产品"这一价值链的低端环节；从产品工序环节角度看，在芯片—组件—整机组装的技术层次中，凭借着市场需求巨大、低成本生产要素（劳动力、土地、智力资源等）、相当实力的产业基础和生产能力等综合成本优势，中国电子信息产业多从事加工贸易，处于加工

组装环节。参与国际分工及其大出大进国际循环的格局初步形成。

五、当前国际分工体系对中国电子信息产业安全的负面影响

（一）影响了中国产业链的自然延伸

经济全球化逐渐深化，国际产业分工日益强化，逐渐形成对国内产业分工的替代。在比较优势基础上的国际分工，越来越使发展中国家的产业陷入一种低水平发展的陷阱，产业安全受到威胁。中国加入世界贸易组织后，《中外合资法》取消了当地化成分和国产化的要求，跨国公司通过独资化，重新对分布于各个领域和各个环节的价值活动进行整合和分解，把中国电子信息产业原来的内在联系分割开来，并融入其全球化供应链体系中，作为一个环节或一个部分。这打乱了中国培育多年、运行已久的供应链，阻断了中国产业链的自然延伸，产业发展空间趋于狭窄，增加了中国电子信息产业发展的不可控性。

（二）将中国产业利润大量转移

在当前全球电子信息产业新型的跨国生产体系中，有两条产业链：一条是依靠跨国公司母公司的直接投资和公司内贸易形成的母子企业之间的价值链体系，另一条是通过非股权安排的企业间交易网络形成的由核心企业主导的供应链体系。核心企业掌握着技术、市场标准和销售渠道，它只需要用最必要的小额资本便可以控制整个供应链，从而也就牢牢控制了产品的价值实现。目前，跨国公司在中国电子信息产业发展中居于主导地位，许多跨国公司是上下游一体化，对产业链条实行控制。多方调查研究表明，许多境外企业通过高报进口原材料、设备和低报出口成品，以及加大对境外关联企业劳务费支付等方式，把在中国境内获得的利润转移到了境外，造成中国税收损失。

（三）中国企业承接了价值链中风险大的低值环节

为融入跨国公司全球一体化的价值链中并参与国际分工，中国许多企业被迫接受许多价值小但风险大的业务。如跨国公司实行的价值链的外包战略，在产品寿命周期的新产品开发阶段，把非关键环节的研制所要承担的风险扩散到中国的每个供应商身上，跨国公司就无须承担零部件研究与开发计划失败的全部风险。在产品寿命周期的成熟阶段，跨国公司实施的是专业化分工、大规模生产的策略，中国制造企业必须采用大量生产方式：购置昂贵的专用设备、按对象专业化原则布置车间或按流水线进行生产过程的空间组织。2006 年中国进口自动贴片机平均单价 15.9 万美元，总额达到 17 亿美元。这种大量生产方式

虽然可达到高效率、低成本的目的，但敏捷性极差，适应市场变化的能力也很差，一旦市场需求发生变化，就得承担巨大风险。中国电子信息产品制造企业将面临对投资规模要求较高、风险较大，但创造的收益却较低的困境。

（四）削弱了中国企业对研发环节的参与

目前中国在国际分工中仍处于较低的地位。中国的综合比较优势主要体现在消费类电子制造业、计算机组装加工业和通信产品制造业方面。这几个行业均为劳动密集型，并且都是技术水平较低、加工程度比较浅的产业。中国可以凭借其廉价劳动力的比较优势参与国际价值链生产（包括技术密集型产业），但只能限定于低附加值环节。特别是目前拥有高新技术水平的跨国公司对价值链的战略环节的投资更倾向于采用控制性较强的风险管理模式，即采用独资的形式加强对技术的控制，以此来保护技术秘密和知识产权，保持总部对核心技术的控制等。跨国公司这种风险管理模式致使局限于价值链低值环节的中国企业更加无法掌握核心技术，最终受制于人。随着世界电子信息产业的发展变化，中国在生产制造环节的廉价劳动力比较优势将逐渐丧失，而被印度、马来西亚等其他发展中国家所取代。如果那时中国企业不能在研发环节中占据一定位置的话，在国内外市场上将进退两难，最终在竞争中丧失优势。

（五）扩大了中国与各发展中国家和地区间的贸易摩擦

在新的全球要素分工和价值链体系中，形成了发达国家占据核心、广大发展中国家处于外围的格局。跨国公司通过高价格进口原材料和零部件，低价格出口整机产品，使中国利润大量转移到境外，同时背负中国产品低价倾销的名声，导致频繁与境外产生贸易摩擦。

第二节　全球分工与布局

自国际金融危机以来，受新兴经济体持续快速增长、新一代信息技术蓬勃发展、发达国家争先抢占战略制高点、跨国信息通信企业加速扩张步伐的影响，全球信息产业竞争格局出现显著变化。

一、新兴经济体崭露头角

2010 年新兴经济体信息产业产值增长率远高于发达国家，基本都达到两位数。中美、南美及亚太地区的部分发展中国家信息产业持续快速增长，成为国际金融危机后引领全球信息产业复苏的主导力量。其中，除中国已具备全球信息制造业大国的地位之外，墨西哥、巴西、马来西亚等诸国皆非传统意义上的世界信息产业大国。

从产业规模增速来看，2010 年新兴经济体信息产业产值增长率远高于发达国家，基本都达到两位数。中国依然位列增长率榜首，2010 年产值达 4841.5 亿美元，同比增长 18%。韩国增长率位居第二，为 14.46%。新加坡、墨西哥、马来西亚增长率在 12%左右，巴西也达到 9.76%。其中，马来西亚产值增长幅度最大，由 2009 年的同比下降 18.03%回升到 2010 年的同比增长 12.34%。美国、日本和德国的增长幅度分别为 3.28%、5.29%和 0.69%。

从市场规模增速来看，2010 年新兴经济体信息产品市场规模实现了快速增长。中国增长率为 14.89%，排在榜首。其次是墨西哥、巴西和韩国，增长率均超过 10%。相比之下，西欧国家信息产品市场规模增长更趋微弱，德国、法国分别增长 0.69%和 0.89%，英国仍处于负增长，下降 0.51%。美国虽仍为全球最大的信息产品市场，但增长率也仅为 4.69%。

新兴经济体信息产业规模及市场规模的迅速增长，为世界信息产业发展持续注入了新的活力，也为中国优化产品出口结构、推动产业转型升级提供了良好机遇。特别是在老牌信息产业强国市场日益饱和的情况下，中国只有善于开拓和利用新兴经济体市场，加速实现贸易伙伴多元化，才能摆脱对欧美等国"出口市场"的依赖，在竞争日益激烈的全球市场中开拓一片"蓝海"。

二、垄断格局开始瓦解

目前，全球新一代信息技术向集成化、融合化、多样化演进趋势日益突出，产业层面呈现出创新引领、融合发展、应用驱动的根本特征，具体表现为技术升级换代速度快、产业组织形态及商业模式创新频繁、新兴增长点多且拉动性大。这极为有力地加快了全球信息技术产业资源整合的步伐，促使旧有垄断格局瓦解，带动新兴格局逐步形成。在新一代信息技术产业领域，全球各主要经济体业已同步进入一个领域更为宽广、增长更为迅速，但竞争程度也更为激烈的新战略发展阶段。

在技术层面，移动通信技术从第三代（3G）向第四代（4G）演进，使随时随地访问互联网成为现实，网络的高速、泛在和融合发展为新型移动智能终端的快速兴起提供了基础条件，对传统的微软与英特尔的合作（Wintel）体系产生了巨大冲击。一方面，以苹果 iOS 和谷歌安卓（Android）为代表的开放式、跨终端操作系统在智能手机、平板电脑等领域得到广泛应用，成为产业竞争的新制高点；另一方面，高级精简指令集机器（Advanced RISC Machine，ARM）架构下的低功耗芯片已占据90%的手机芯片市场，彻底改变了世界芯片产业的竞争格局。

在产业层面，基于软件、内容和终端的产业链整合成为推动产业增长的新引擎。苹果公司构建了"终端+渠道+内容"的运作模式，在移动智能终端市场强势崛起。这一模式正在得到越来越多的认同和模仿，为众多新兴企业提供了规避低端竞争、开拓高附加值市场的新思路。

在应用层面，以移动互联网、云计算、物联网为核心派生而出的大批新兴应用快速兴起，在满足消费者日新月异需求的同时，也进一步刺激了各类新需求的出现。产品和市场分类日益细化，精神文化层面的消费需求急剧扩张，不仅催生了大量的商业模式创新，更促使一批以满足消费者"用户体验"为主业方向的新兴企业蓬勃发展，如脸书（Facebook）、推特（Twitter）等，推动产业竞争格局进一步多元化。

三、抢占制高点成为国家战略

如何面对涉及知识产权、低碳环保等多领域的贸易壁垒，是中国正面临的严峻挑战。在遭遇国际金融危机冲击之后，美国、英国、德国、日本等发达国家和地区已深刻体会到对虚拟经济过度依赖所带来的风险，开始转而对实体经济投入更多的关注。但无论是从各国既有的经济体系和产业基础来看，还是从绿色低碳的全球发展要求来看，发达国家均不可能再度走上大规模工业制造的发展路径，而只能凭借技术与资本优势，瞄准实体经济的价值链高端，集中在创新最活跃、附加值最高的信息产业领域寻求突破。

美国旨在确保信息产业全球主导地位的巩固，主要是围绕物联网、云计算、下一代互联网及新一代通信等新兴领域来制定国家战略。这些战略的实施载体往往是国际商业机器公司（IBM）、惠普、英特尔等大型跨国企业，利用对信息产业全球分工体系和话语权的操控力，将美国全球战略布局具体到商业化行为当中。

欧洲以解决社会问题、提供公共服务、带动经济复苏为主要目的，重点围绕《欧洲数字化议程》提出市场、标准、技术创新、推广应用等七大重点行动领域。英国已投入150亿英镑，用于发展宽带、智能运输系统及智能电网；法国也计划在未来10年投入约170亿美元到信息化基础设施建设及信息技术改造方面。

日本试图挽回其在全球信息产业领域相对下滑的地位，与美国重点关注方向相类似，也是瞄准新一代信息技术产业发展方向，制定了"智慧日本"（i-Japan 2015）战略。不过与美国的全球战略布局不同，日本的目标基本停留在区域层面，仅与印度、中东和非洲研究机构加大了合作力度，目标上还是以发展电子政府和电子地方自治体、推动医疗及教育的电子化、培育新兴产业、完善基础设施建设为主。

值得注意的是，已经上升到国家战略层面的信息产业竞争不再是单纯的企业或产业实力比拼，涉及国家利益及贸易保护等方面的政府性竞争行为必然会大量出现。如何面对超出"两反一保"范畴，涉及知识产权、低碳环保、产品安全等多领域的贸易壁垒，是中国正面临的严峻挑战。

四、跨国企业扩张加速

近两至三年内，跨国信息通信企业将处于资产并购的高峰期。当国际金融危机来袭时，全球信息产业在整体上固然呈现下滑态势，但损失最为严重的大部分企业均以提供金融类信息技术（IT）产品和服务为主。美国的太阳微系统公司（Sun Microsystems）以专业为金融客户提供高端服务器而闻名，这部分业务占其总收入的40%，但它最终成为在国际金融危机中"沉没"的第一家具有较大影响力的 IT 公司，于2009年4月被甲骨文收购。

对于提供多样化业务或者并未集中于金融服务的跨国信息通信企业，国际金融危机所造成的损失并不足以对其构成严重打击。相反，具备一定产品和服务特色、在部分技术领域全球领先、受国际金融危机影响而资产贬值或运作不良的中小企业，却为大企业储备资本实力提供了充裕的运作空间。

自2008年下半年开始，全球各大跨国信息通信企业持续推进并购重组战略，整合优势资源，开拓新兴市场，实施多元化发展策略，不断通过增强产业链掌控能力提升核心竞争力。IBM 收购海信网络科技与 SPSS 公司，保持软件业务增长；戴尔收购 IT 服务提供商佩罗系统（Perot System），向 IT 服务领域拓展；甲骨文收购服务器巨头 Sun，将业务范围拓展至硬件领域；美光科技收购恒忆半导体，增强闪存芯片业务实力；群创光电、奇美电与统宝光电完成合并，成为仅次于韩国三星和 LG 的全球第三大面板厂商；惠普收购网络设备提供商 3Com 及其在中国大陆的全资子公司杭州华三通信技术有限公司（H3C），与思科展开全面竞争；德州仪器收购国家半导体，进一步扩大全球市场份额……

据预测，近两至三年内，跨国信息通信企业将处于资产并购的高峰期，中国大陆 IT 企业将在各行业门类上遭遇巨大的国际竞争压力。尤其是在芯片设计研发、网络通信基础设施、移动智能终端、新型电子材料等领域，亟待形成具备国际竞争力的本土龙头企业。

第三节　两岸分工与布局

根据中国官方统计显示，截至 2001 年底，台商在祖国大陆投资件数达 50838 件，协议投资金额为 547.3 亿美元，占大陆吸收境外企业直接投资的比重分别为 12.97% 和 7.25%。以投资金额计，在所有境外企业投资中居第三位。台商实际投资金额至 2001 年底累计已达 291.4 亿美元，占大陆境外企业实际投资总额的 7.39%，排名第三位。

台商在大陆投资的产业，主要是制造业，其次是服务业，农业较少。制造业之中主要包括电子电器业、基本金属及其制品、食品及饮料、塑料制品、化学品制造等产业。其中电子电器业投资金额居各业之首，据累计至 2001 年底数据计算，电子电器业对大陆投资金额占台商在大陆投资总额的比重已超过 30%。

对历年来发展趋势进行观察，我们发现台商企业投资规模平均而言有逐渐扩大的迹象。依中国官方统计，1991～2001 年间台商企业的平均投资规模由 81 万美元增加为 164 万美元。投资规模扩大包含多层意义：其一是投资者原以中小型企业为多，其后大型企业、上市或上柜公司前往大陆投资的情形愈来愈普遍。其二是单项投资金额超过千万美元的案件愈来愈多。其三是在大陆投资设厂后，因经营顺利，由一个厂扩大发展成为多个厂的情形增多。除新的投资项目外，扩大投资规模的资金，有部分是利用在大陆的盈利再投资的。

台湾"经济研究院"、林祖嘉等的研究都发现，制造业台商赴大陆投资在早期绝大多数都是母公司在台湾营业，大陆子公司与台湾母公司之间均维持相当密切的关系，尤其是在主要机器设备之购置、生产技术之支持、管理干部之培育、产品外销行销体系之建立等方面，台湾母公司对大陆子公司之营运扮演着非常重要的角色。另外，相关的研究也发现，整体而言，台商赴大陆投资之后，不仅如前所述，大陆子公司与台湾母公司之间仍维持密切的业务联系，而且与台湾地区其他相关产业部门的业务关系也相当密切。

由于台商到大陆投资绝大多数都维持母公司在台湾继续营运，而且主要机器设备、原材料及半成品等中间投入，或由母公司负责或直接向台湾地区其他企业采购，因此，当台商在大陆投资不断扩充时，即带动台湾与大陆之间双边贸易快速成长，进而影响两岸产业分工的格局。

就台湾与大陆之间的商品贸易形态而言，由于两岸既存在自然资源和生产要素禀赋差异，又存在明显的技术和经济水平差距，因而根据前述理论，两岸之间的贸易可能同时具有产业间贸易和产业内贸易之特质。

高长、黄智聪、林昱君等人的研究指出，两岸双边贸易确实同时存在产业间和产业内贸易的情形，其中产业内贸易的重要性呈逐渐增加的趋势，这种现象显然与台商到大陆投资的活动有关。台商在大陆的投资活动基本上是在台母公司或上、下游产业体生产活动的扩张，投资势必促进产业内贸易的发展。典型的形态是，资金自台湾移至大陆，随即带动台湾地区资本及其零配件出口，最后又带动工业原料出口至大陆，半成品或制成品回销台湾地区或销往其他地区。

据中国香港地区海关统计资料，以商品名称和编码协调制度（The Harmonized Commodity Description and Coding System，简称 HS）六分位商品为准，观察两岸双边贸易金额最大的前 20 项产品，我们发现由台湾输往大陆的原材料或半成品以纺织业上游人造纤维类及电子电器业的关键零组件为主，与 20 世纪 90 年代初期以纺织、塑料、化工原料等工业原材料、机器设备及零配件等为主的情形不同；而由大陆输往台湾的商品，则以电子业较低阶的产品如被动组件，及基本金属业中的初级半成品为主，再加上若干传统制造业的半成品如鞋材、脚踏车零配件及天然资源产品如羽毛、羽绒、花岗石等，也与 20 世纪 90 年代初期以农工原料等初级产品为主的情形不同。这样的贸易形态显示，两岸的产业分工有水平分工，也有垂直分工。

另，根据台湾经济主管部门《制造业对外投资实况调查》，以2000年的调查资料为例，我们发现厂商赴大陆投资以水平分工为主，约占全部受访者样本的60%，其中又以生产相同产品居多；采取水平分工的厂商在台湾与大陆两地生产的产品有所区别；采取垂直分工的厂商多以台湾上游（生产零组件与半成品）、大陆下游（装配制造成品）的方式进行。

值得一提的是，除了生产活动上有所谓水平和垂直的分工安排外，在生产、行销等企业经营面也在两岸进行分工，这就是一般所谓的功能性分工。前引台湾经济主管部门的调查资料显示，赴大陆投资的厂商，有10%左右在台湾已完全不生产，仅留下行销部门，其中尤以皮革毛皮制品业对外投资厂商在台已无生产部门所占比重最高（约占45%）；另外，家具及装饰品业、木竹制品业、橡胶制品业等劳力密集型产业，在台湾已无生产部门所占比重亦在二成左右。这种分工格局持续发展，对台湾就业结构的影响甚大。

电子信息业到大陆投资的决策主要考虑因素：一是开拓及占有当地市场；二是为了降低成本；三是当地产业链的完整性。随着大陆相关产业的供应链逐渐形成，多年的投资经验显示，大陆市场值得长期投资，因此业者大都逐渐加重大陆子公司的业务功能。所以，台商在大陆的投资活动可以说是在台母公司或上、下游产业体生产活动的扩张。

相关的研究表明：第一，电子信息业在两岸的产业分工格局，既存在垂直分工，也存在水平分工的现象。这种特殊的产业分工格局的形成，并非人为主观设计或干预，而因特有的产业网络，在市场力量的主导下所造成。第二，两岸产业分工格局属动态的结构状态，其所显示的意义有二：一是对产品技术发展已成熟的产业而言，其（水平）分工已很难在产品的低阶或高阶做区分，台商一旦外移，会很快地使整个生产活动搬迁；二是在大陆投资的工厂或公司为了提高经营效益，逐渐朝向自立自主、扩大经营范围发展，投资初期所形成的产业分工格局不断被打破并重建。

近年来，在全球化潮流下，国际分工日趋精细。由于大陆拥有丰富的人力、土地等生产要素资源，又有庞大的内需市场潜力，因此，受到境外企业的青睐，在国际分工格局中的地位显得愈来愈重要。事实上，台商在全球化布局的思维上，相当重视利用大陆的资源与市场腹地。近年来，台商利用特有的产业网络在两岸进行分工布局，以提升竞争力，一方面是到大陆投资初期，新公司会利用既有的产业网络，继续向台湾采购所需的机器设备和原材料、半成品等，同时将生产的成品或半成品回销台湾，因而使得两岸的垂直分工更加紧密。不过，在另一方面，原材料或半成品的供应厂商也会因为产业网络的关系，主动或被动地随着下游加工制造业者前往大陆投资，使两岸产业在制造方面的分工缩减。后一种情形就个别企业来看，将生产线转移至大陆之后，台湾母公司发展成为营运基地，往往着重于经营管理、研发、市场行销、财务调度及人才培育和技术的支持，形成企业经营在两岸间的功能性分工格局。今后这样的分工模式将会继续强化，对台商的全球布局以及国际竞争力的提升是有益的。

台湾"经济研究院"曾经针对电子业，利用通过深入访谈所搜集到的第一手资料，实证分析企业赴大陆投资后两岸分工与全球布局策略。以计算机及其周边产业为例，目前在大陆投资之台商多着重于以成本降低为核心的来料加工形式，并朝向供应链的垂直整合发展，而管理、运筹、行销、产品开发等活动则以台湾为主。不过依照惠普（HP）或戴尔（Dell）等 PC 大厂寻求代工伙伴的条件而言，代工条件中最重要的还是厂商的全球运筹能力（Global Logistic）。以主机板而言，台湾主机板厂优势在于随时都可以保持 20 到 30 种产品线，可以随时满足无论是系统集成（SI）、全球区域渠道零售品牌（Clone）市场还是全球前 10 大原始设备制造商（OEM）客户的需求。台湾主机板厂在全球组装市场高占有率所形成的品牌实力也是目前台湾业者的优势，因此，随着前 10 大 OEM 客户陆续来台对主机板厂下单，台湾业者全球运筹能力的成长将对其竞争力之维持愈加重要；主机板一线厂大陆之生产已逐渐朝向专业电子制造厂商 CEM（Contract Engineering Manufacturing）形式发展。

台湾主要主机板厂商在大陆所投资之生产工厂多分布在苏州、东莞、宁波保税区等地，而投资方式则多利用第三地境外控股方式对大陆进行投资。这些主机板大厂之投资范围，基本上包括制造、进出口及仓储、维修等业务。亦有厂商向下游计算机及周边产品之生产及销售布局，为未来大陆之内销市场或外销市场建立生产销售及售后服务基地。大厂对大陆投资动机主要为生产国际大厂订单，投资制造、进出口及维修中心；而投资方式则为直接投资与合资方式。其中制造部分则以发展相关的软、硬件技术为主，配合上、下游厂商的合作，并整合有关计算机机壳、电源供应器、监视器、网卡、鼠标、键盘等外围产品，朝着准系统组装方向前进。为掌握美洲、欧洲及日本之客户，厂商之岛外分支机构主要在美国洛杉矶、加拿大、德国汉堡、日本东京、英国及中国上海、北京、广州等地。在这些投资中，通常中国台湾与中国大陆以制造为重点，提供全球之使用者及客户；而区域性分支机构则以销售及提供顾客服务为重心；美国的分支机构则多半还包括技术信息取得及研发等功能。

由以上讨论可知，台湾业者在全球的分工布局形态已逐渐明显，基本上可以说生产线移往大陆，多数业者大陆工厂的生产活动均是承接国际大厂之OEM/ODM 订单，形成 OEM 全球订单大部分仍由台湾出货，但制造均在大陆进行，而研发、技术、管理行销等主要活动仍留在台湾的格局。依据厂商之投资形态，基本上两岸分工是根据不同地区之优势进行安排的，台湾的优势在于完整的全球后勤体系及完善的供应链管理，包含全球供货仓库、制造/组装点、分公司等；而大陆的优势在于低廉的土地及人力成本，在整个生产、下游厂商均前往大陆后，原料采购的 85%以上亦将在大陆进行。

未来计算机产业在全球分工形态上，将形成欧美及日本以集成电路（IC）设计及电子材料研发生产为主，中国台湾负责产品设计，而中国大陆则以量产制造为主的格局。因此，中国台湾企业未来的两岸分工方式，将会是研发团队仍以美国及中国台湾本地为基地，而产品之生产、维修则逐渐移往中国大陆。由于个人计算机之组装应离消费市场越近越好，因此，全球化计算机制造商之全球布局通常均会考虑东南亚、欧洲及美国都有分支机构，以掌握全球三大经济体之市场。而各地方市场必须充分掌握区域市场的需求动态，方能提升制造及出货的效率。台湾企业在大陆市场之竞争优势，在于大陆与台湾同文同种，台商进入障碍较低。

大陆正在加快转变经济发展方式，着力推进自主创新和扩大内需，促进经济进入创新驱动、内生增长的轨道，努力实现经济社会又好又快发展。台湾也正在积极采取措施，促进经济结构优化和产业结构升级，努力提高经济发展水准，开拓新的发展空间。《海峡两岸经济合作框架协议》（ECFA）为新形势下两岸全面拓展和深化经济合作提供了有利条件，开辟了广阔的前景。两岸产业结合度还有限，科技合作的比例仍不高，影响经济合作深化的因素依然存在。两岸需要尽快建立起多层次、多渠道的具有两岸特色的经济合作长效机制，发展战略性新兴产业，如具有能源资源消耗低、辐射带动力强、综合效益好、就业机会多等特点的产业，更好地适应全球需求结构的重大变化，以符合两岸推动经济发展方式转变、促进经济结构调整和产业升级的共同目标。

大陆将节能环保、新一代信息技术、生物技术、高端装备制造、新能源、新材料以及新能源汽车产业作为现阶段发展重点，台湾也提出六大新兴产业和四项智慧型产业，双方在发展新兴产业的政策规划、发展基础、技术水准、研发能力等方面共同特点多、关联度高、互补性强。双方应当充分发挥各自优势，取长补短，携手合作，把发展战略性新兴产业作为两岸经济合作的突出重点。应充分运用两岸启动建立经济合作机制的有利条件，通过两岸经济合作委员会就货物贸易、服务贸易、促进投资和经济合作展开后续协商，对两岸产业分工合作进行合理布局，推进两岸产业融合和产业链优化，培育一批拥有核心技术和自主品牌、具有国际竞争力的优势企业。

两岸可以将新能源和环保产业的合作作为突破口。两岸目前在这两个领域都不同程度地取得了一些进展，具有一定优势，有些技术处于世界领先水准，未来合作前景十分广阔。要进一步重点加强技术研发、行业标准制定、人才培养、产品开发、市场开拓及知识产权等方面的交流与合作，构建资讯交流发布平台和常态化的沟通磋商机制，创新投融资体制和合作方式。

‖ 发展篇

第三章　大陆电子信息产业发展

第一节　大陆 IT 产业发展状况

一、大陆电子信息产业国际竞争力不断提升

加入世贸组织以来，中国大陆信息产业生产能力不断提高，创新步伐稳步加快，抗风险能力不断增强，主要表现在：

（一）产业发展显示出良好的成长性，在全球地位进一步提升

2000 年以来，在积极承接国际产业转移推动下，大陆电子信息产业一直保持快速增长态势，2001～2006 年，增加值年均增长速度达到 25.9%，为同期国民经济增幅的 3 倍左右；电子信息产品出口更是年均增长 30%以上，显示出良好的增长潜力。大陆电子信息产品制造业占全球份额不断扩大，销售收入由 2000 年的 1196 亿美元增长到 2006 年的 5530 亿美元，占全球比重从 14%提高到 20.2%，从全球第三位上升到第二位。

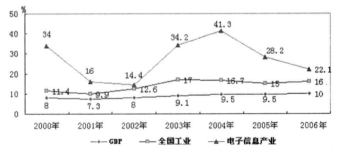

图 3-1　2000～2006 年电子信息产业增速与国民经济比较

资料来源：http://www.cio360.net/。

（二）整机产品国际竞争力显著提升

大陆主要电子信息产品生产能力大幅度提高，产能大幅度提升，重点产品全球份额扩大。2006 年大陆主要电子信息产品产量，如显示器、手机、彩电、激光视盘机、笔记本电脑产量分别占全球总产量的 50%、31%、43%、80%和 40%，程控交换机、电话机、光盘驱动器、打印机等产品产量也名列前茅。

表 3-1　2001～2006 年大陆主要电子信息产品产量

产品名称	单位	2001 年	2002 年	2003 年	2004 年	2005 年	2006 年
微机	万台	752.0	1463	3216.0	4512	8083.8	9336
显示器	万台	3505.0	4927	7326.0	10149	16057.6	9341
彩色电视机	万台	4400.0	5200	6521.0	7329	8283.2	8375
集成电路	亿块	63.60	96.3	134.0	211.5	265.8	336
手机	万部	8351.0	12000	18644.0	23345	30367.0	48000

资料来源：《中国经济贸易年鉴》编委会编. 中国经济贸易年鉴 2007. 中国经济出版社，2007 年 12 月版.

电子信息产品进出口增长迅速，国际竞争力提升。2000 年大陆电子信息产品出口额为 560 亿美元，到 2006 年达到 3639.8 亿美元，增长了 5.5 倍，年均增长率高达 33%，约占全球电子信息产品出口总额的 22%。出口额较大的商品主要包括计算机类、通信类、家用电器类等，其中，笔记本电脑、手机、集成电路和液晶显示板 2008 年出口额均超过 180 亿美元（如表 3-2）。

表 3-2　大陆 2008 年出口额前 10 位的电子信息产品出口

序号	产品名称	出口额（亿美元）	同比增长（%）
1	便携式电脑	656	23.5
2	手持（车载）无线电话	385	8.3
3	集成电路	243	3.4
4	液晶显示板	224	13.9
5	手持式无线电话用零件	180	11.0
6	显示器	168	-7.7
7	彩色电视机	106	17.2
8	静止变流器	104	13.6
9	印刷电路	103	7.7
10	硬盘驱动器	78	11.2

资料来源：《中国信息产业年鉴》编委会编. 中国信息产业年鉴 2009. 电子工业出版社，2009 年 12 月版.

2001 年以来，大陆电子信息产品国际竞争力不断提高，总体贸易竞争力指数从 2001 年的 0.05 提高到 2006 年的 0.12（如图 3-2）。从主要行业来看，计算机及外部设备、通信设备、家用电子电器类产品具有国际竞争力，且呈增强态势，2006 年贸易竞争力指数分别达到 0.34、0.52 和 0.69，比 2001 年均有提高，而电子元件、器件、设备及材料国际竞争力较弱。

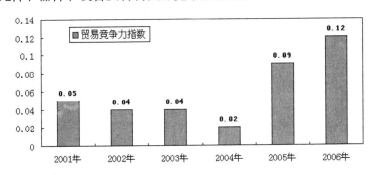

图 3-2　2001～2006 年电子信息产品贸易竞争力指数变化

资料来源：《中国信息产业年鉴 2007》和高校财经数据库（http://www.bjinfobank.com）。

二、技术创新能力逐步增强

2000 年以来，电子信息产业技术创新迈上新台阶，"中国芯工程"取得了显著成效，集成电路设计水平达到 0.13 微米。中央处理器（CPU）、中文 Linux、第三代移动通信、集群通信、数字电视等研发和产业化成效明显，涌现出一批具有自主知识产权的技术和产品，与国际先进水平的差距逐步缩小；时分同步码分多址（Time Division-Synchronous Code Division Multiple Access，TD-SCDMA）技术的研发和产业化取得重要进展；技术标准工作取得新成果。发布国家标准 368 项，行业标准 647 项，专利申请 22.8 万项。在国家支持和企业不断加大研发投入的推动下，企业技术创新和新产品开发取得显著成效。2006 年，华为专利合作协定（Patent Cooperation Treaty，PCT）专利 575 件，居全球第 13 位。

表 3-3　大陆主要电子产品进出口额及竞争力指数变化

行业大类	出口额（亿美元）	进口额（亿美元）	出口—进口（亿美元）	2006 年竞争力指数	2001 年竞争力指数	2006 年比 2001 年提升
计算机	1498.3	732.6	765.7	0.34	0.27	0.07
通信设备	623.3	198.4	424.9	0.52	0.07	0.45
家用电子电器	582.1	105	477.1	0.69	0.52	0.17
电子元件	339.7	342.7	-3.0	0.00	-0.06	0.06
电子器件	321.5	1219.2	-897.7	-0.58	-0.57	-0.01
电子仪器设备	149	187.8	-38.8	-0.12	-0.12	0.00
电子材料	15.1	38.16	-23.06	-0.43	-0.39	-0.04

资料来源：《中国信息产业年鉴 2007》和高校财经数据库（http://www.bjinfobank.com）。

三、大陆自主企业竞争力提高，区域性产业集群逐渐形成

大陆电子信息产业本土企业竞争力进一步增强，华为、中兴通讯、TCL 等企业相继获得国家政策性金融信贷，跨国经营取得了新的进展，企业产品出口结构升级，"走出去"层次不断提高。在国际化经营中，从低端产品到高端产品，从发展中国家拓展到发达国家。随着"走出去"加快，本土企业积极开展跨国并购。京东方收购现代、冠捷，形成了从上游配件供应、液晶面板制造到液晶显示产品的相对完整的格局；TCL 先后收购汤姆逊彩电业务和阿尔卡特手机业务，构筑数字电视和第三代移动通信技术（3G）领域的竞争优势；联想并购国际商业机器公司（IBM）个人电脑（PC）业务，增强了其在全球个人电脑市场的地位。

区域特色产业集群加速形成。大陆巨大的电子信息产品市场、丰富价廉的人力资源以及不断改善的投资环境，日益成为吸引跨国公司在华建立事业基地的重要因素。2002 年后，新设三资企业数量明显增加，境外投资规模日益扩大，特别是日、韩等国的半导体、计算机配件企业也不断向中国大陆转移。越来越多的跨国企业加大在华研发的力量，形成研发力量转移的新一轮热潮。境外资金转移进一步加速了大陆电子信息产业聚集带的形成，特别是珠江三角洲、长

江三角洲、环渤海等地区的地位愈加突出。这些地区产业基础良好，行业配套能力强，加上政府服务意识强，吸引境外资金不断加大投资力度，推动区域产业发展步入良性循环，而且各自特色愈加明显，像广东东莞的台式电脑、上海的集成电路、江苏昆山的笔记本和液晶显示器都呈现新的产业聚集态势。

四、大陆集成电路技术发展状况

（一）大陆集成电路制造业的发展状况及其趋势

大陆集成电路的进口量和进口额数量都比较大，2004～2007 年产品的进口额大约是出口额的 5～6 倍，同比增长幅度在 20%～50% 之间，到 2008 年这个幅度有所下降，但是进口量仍然是出口量的 3 倍，进口额是出口额的 5 倍。

表 3-4　2004～2008 年集成电路行业进出口总体情况（单位：万件、万美元、%）

年份	出口量	同比增长	出口额	同比增长	进口量	同比增长	进口额	同比增长
2004	166.3	23.2	109.9	78.7	583.7	33.9	546.2	52.6
2005	226.1	36	143.9	30.9	765.6	21.2	815.5	33.6
2006	333	52.4	213.1	48.1	874	23.1	1063.2	30.4
2007	407	22.2	235.4	10.5	1233	41.1	1277.8	20.2
2008	484.8	19.1	243.2	3.3	1353.8	9.8	1292.6	1.2

资料来源：国家统计局，http://www.stats.gov.cn/。

在大陆的集成电路产业中，大型企业的数量逐渐增加，2004 年为 7 家大型企业，至 2008 年上升到 26 家；大型企业总资产和销售收入占全行业的比重也从 2004 年的 30% 左右，上升到 2008 年的 50% 左右。2007 年大陆集成电路前 10 家企业销售额均在 30 亿元以上，最高的飞思卡尔半导体销售额达到 134.63 亿元。在 2008 年还有 7 项大型的半导体投资项目在深圳、甘肃、上海、山东等地进行，总投资额高达 27.2 亿元人民币，其中中芯国际集成电路制造（深圳）有限公司项目为最大的投资项目，投资额为 15.8 亿美元。

从企业的规模水平上分析，在集成电路产业中大型企业销售收入占全行业销售收入的比重呈现上升的趋势，从 2004 年的 32.29% 上升到 2008 年的 49.93%。从企业的总资产水平上也可以发现，企业的总资产比重也是不断上升的，2004 年大型企业总资产占全行业总资产的比重为 30.33%，到 2008 年这个比重上升到 45.94%。

表 3-5　2004~2008 年大型企业占集成电路行业比重

年份	大型企业数	大型企业总资产占全行业比重（%）	大型企业销售收入占全行业比重（%）
2004	7	30.33	32.29
2005	17	39.79	47.47
2006	19	36.93	43.35
2007	22	33.16	42.58
2008	26	45.94	49.93

资料来源：国家统计局，http://www.stats.gov.cn/。

集成电路前 10 强企业中，销售额超过 100 亿元的企业有 3 家，50 亿~100 亿元之间的有 2 家，低于 50 亿元的企业有 5 家。从企业的销售增长率分析，前 10 家企业中销售增长的企业有 7 家，其中增长率最高的企业为无锡海力士意法半导体，增长率是 292%；还有 3 家企业的销售增长率为负值。

表 3-6　2007 年大陆集成电路行业前 10 强　　（单位：亿元，%）

排名	公司	销售额	增长率
1	飞思卡尔半导体（中国）	134.63	24.1
2	中芯国际	113.43	-1.8
3	奇梦达科技（苏州）	100.33	45.5
4	无锡海力士意法半导体	93.59	292.2
5	威讯联合半导体（北京）	54.15	23.5
6	华润微电子（控股）	46.63	21.2
7	江苏新潮科技集团	37.80	19.8
8	上海华虹（集团）	35.09	-11.4
9	上海松下半导体	32.67	4.2
10	深圳赛意法半导体	30.61	-12.5

资料来源：CSIA（China Semiconductor Industry Association），http://www.csia.net.cn/。

对集成电路的投资也在不断增长，2008 年在建大型项目数是 7 个，投资总金额达到 27.2 亿元。

表 3-7 2008 年集成电路行业主要在建项目

地区	项目名称	企业性质	建设内容	投资总额
甘肃	华天科技集成电路高端封装产业化项目	股份制	集成电路高端封装产业化	59850 万元
上海	上海贝岭技术研发中心（国家认定企业技术中心）	股份制	产品设计研发大楼	21668.98 万元
山东	青岛 6 英寸模拟芯片生产线及集成电路封装测试厂	外资	6 英寸芯片生产线、封装生产线	10000 万元
四川	华微电子集成电路产品项目	股份制	年产集成电路产品 2500 万只	4500 万元
河北	石家庄博威集成电路有限公司新厂房工程	股份制	总建筑面积 1 万平方米	2980 万元
天津	罗姆半导体（中国）有限公司 LSI 大规模集成电路生产项目	外资	年新增 LSI（大规模集成电路）24 亿个	15000 万元
深圳	中芯国际集成电路制造（深圳）有限公司	外资	集成电路技术研究开发中心和一条 8 英寸、一条 12 英寸芯片生产线	15.8 亿元

资料来源：世经未来，http://www.custeel.com。

（二）大陆集成电路发展中存在的问题

集成电路产业主要包括设计、制造、封装测试等环节及起基础支撑作用的设备材料等，国内在各个环节上的现行核心技术及其与世界先进水平的差距不尽相同。下面就从这几个环节介绍我国大陆集成电路（IC）行业的技术现状。

在设计方面，随着市场对芯片小尺寸、高性能、高可靠性、节能环保的要求不断提高，高集成度、低功耗的系统级芯片（System on Chip，SOC）将成为未来主要的发展方向，软硬件协同设计、网络互联协议（IP）复用等设计技术也将得到广泛应用。芯片设计是集成电路产业的龙头，也是集成电路产业附加值最高的部分，但长期以来大陆芯片设计在整个产业中所占的比例偏低，芯片设计一直是大陆 IC 产业的一个较严重的薄弱环节。但大陆企业设计水平逐步上升，在部分领域取得了可喜成绩。一批企业已具备 0.13～0.25 微米的设计开发能力，部分企业集成电路设计水平突破 90 纳米（nm），最大设计规模已经超过5000 万门级。

在芯片制造方面，衡量技术水平的主要指标是晶圆尺寸和生产线宽。目前，国际主流制造技术的晶圆尺寸是 12 英寸，国际巨头一般卖出 8 英寸生产线，投资建立 12 英寸生产线。尽管大陆主流制造工艺也正在从 8 英寸向 12 英寸过渡，但 8 英寸生产工艺线仍占多数，且有新的 8 英寸生产线开工。国际上能够实现量产的最先进生产工艺的生产线宽是 45nm。国际巨头们正在纷纷研发 32nm 生产工艺技术。2008 年 12 月，处理器巨头英特尔（Intel）已经宣布完成下一代制造工艺 32nm 的开发工作，并计划于 2009 年底推出 32nm 芯片。台湾晶圆代工厂巨头台积电也计划在 2009 年实现 32nm 芯片的量产。而大陆最大的集成电路企业——中芯国际却只能通过与 IBM 签订工艺授权合同，使用其技术才能实现 45nm 工艺量产。由此可见，在集成电路制造环节上，大陆厂商至少落后国际先进水平整整一代，即十年时间，甚至更多。

从封装测试技术来看，大陆企业的总体技术水平仍大幅落后于国际主流技术水平。国际封装测试 IC 企业向大陆转移，引入了先进封测技术。大陆封装企业开发并掌握了多芯片组装（Multi-Chip Module，MCM）等封装技术。但从总体上看，大陆企业还是以中低档产品为主，如双入线封装（Dual In-line Package，DIP）、小外形封装（Small Out-Line Package，SOP）、方型扁平式封装技术（Quad Flat Package，QFP）等，无论是封装形式还是工艺技术、质量管理、成本控制等都存在全方位差距。虽然近年来大陆少数企业也在球状引脚栅格阵列封装技术（Ball Grid Array，BGA）、芯片及封装（Chip Scale Package，CSP）、微机电系统（Micro-Electro-Mechanical Systems，MEMS）等中高档封装技术上逐步量产，但令人忧虑的是大陆企业鲜有核心知识产权，高端技术均已被国际巨头专利"封杀"。

在设备和专用材料方面，由于该环节处于集成电路产业链的底层，其技术进步是直接推动产业链各环节进步的核心动力。国际巨头都已经具备建成 12 英寸芯片生产线、制造满足新型封装测试技术重大设备的能力，并纷纷研发高 K 和低 K 介质、新型栅层材料、绝缘衬底上的硅（Silicon-on-Insulator，SOI）等新型集成电路材料。我国大陆 IC 行业在这方面取得了一定进步，在设备方面，100 nm 等离子刻蚀机和大角度等离子注入机等设备研发成功，并投入生产线使用；在材料方面，已研发出 8 英寸和 12 英寸晶圆，且自主生产和供应能力不断增强。但大陆集成电路制造设备和新材料高度依赖进口的局面依然没有大的改变，12 英寸芯片生产线完全进口，新型材料也高度依赖进口。缺乏先进制造设备和新型材料严重阻碍了大陆集成电路产业的整体发展。大陆企业正努力在部分关键设备、材料上取得突破。

第二节　大陆电子信息产业集群

形成产业集群的关键因素是核心企业和资金，核心企业在产业集群中起到增长极作用，而资金是保证产业集群扩展的基础。为了促进产业集群的发展，保持产业集群的不断演化升级，还需要进行新产品的开发和不断创新。按照这一原则，大陆电子信息产业集群目前存在三种主要类型，分别是境外企业整体游走型产业集群、境外企业关联型产业集群，以及境外企业嵌入型产业集群。根据它们各自不同的特点，对三种不同的产业集群类型分别描述如下：

一、境外企业整体游走型产业集群——东莞和昆山电子产业集群

在这类集群中，境外资金控制着整个生产的供应链，供应链上的企业是同一个来源，并且有一定的地缘关系。境外企业根据内外的经济环境来确定企业的区域位置，当核心企业的位置确定后，与核心企业有业务关系的其他企业也会随之加入，整个生产供应链就发生整体转移和游走。整个供应链的整体移动可以对当地政府产生影响，也增加了它们与当地政府谈判的实力。由于这类产业的集群受到核心企业选址的影响，并且是供应链的整体转移，受当地关联企业的制约比较小，因此这个类型企业的区域定位有一定的偶然性，可以在许多的地方进行定位。影响这类产业集群的因素是当地政府的招商引资政策和与境外企业谈判的能力。

东莞和昆山电子产业集群具有境外企业整体游走型产业集群的特点。1993年和1995年台湾地区致力、鼎立电子公司在广东东莞清溪镇投资建厂，其配套的上游企业东舜、风吾、大利分别生产电子元件、小型马达、电源、机箱，也先后在东莞清溪镇投资，其中台资企业大利、政久、三吉瑞、利源在1998年整体迁入。1997年后台湾的一些大型信息技术（IT）企业，如大众、微星、鸿友、源兴、致福、美格、技嘉也在东莞进行投资。1998年台资IT企业在东莞有572家，远远超过深圳、上海和江苏等地；2000年底已经超过800家，并且有配套

的 IT 产品体系，许多 IT 产品在全球市场占有很高的份额：电脑磁头、电脑机箱占 40%，覆铜板、电脑驱动器占 30%，电容器、行输出变压器占 25%，扫描仪、微型马达占 25%，电脑键盘占 16%，电脑主板占 15%[①]。台资企业通过企业间的整体联系，在当地形成了一个企业分工合作、密切产业关联的产业集群体系。台资企业的供应链网络是台资企业整体形成的，与当地企业的产业关联度比较低。2005 年东莞市电子信息制造企业超过 3000 家，规模以上企业 1164 家，规模以上电子信息产业完成工业总产值 1785.30 亿元，是 2000 年的近 5 倍。10 多种主要产品，如电脑磁头、扫描仪、驱动器、高级交流电容器、微型马达、录像磁头等在世界市场的占有率均超过 20%，电脑整机的零部件配套率达 95%[②]。正在东莞的 IT 产业有良好的发展势头的同时，台资的投资重点却发生了转移，大批的台资企业从东南沿海的珠三角向长三角地区转移，并且企业的整体规模大，企业的产品科技含量高。

昆山地区电子产业集群的形成与发展。1990 年第一家台资企业投资昆山，到 2003 年，昆山已成立台资企业 1628 家，合同利用台资 107 亿美元，实际利用台资达 52 亿美元，平均单项投资规模为 710 万美元。2003 年 5 月，在昆山投资额 1000 万美元以上的项目达到 338 家，其中超过 1 亿美元的项目 15 家。2007 年在电子计算机制造业前 20 家企业中，昆山的台资企业有 5 家，分别是纬智资通（昆山）有限公司、纬新资通（昆山）有限公司、纬创资通（昆山）有限公司、仁宝资讯工业（昆山）有限公司、仁宝电子科技（昆山）有限公司。在电子器件制造业前 20 家企业中有康准精密模具（昆山）有限公司。在电子元件制造业前 20 家企业中有 2 家企业——正鹏电子（昆山）有限公司和南亚电子材料（昆山）有限公司。在江苏省前 10 家境外企业中，昆山的台资企业有 5 家，分别是纬智资通（昆山）有限公司、纬新资通（昆山）有限公司、纬创资通（昆山）有限公司、仁宝资讯工业（昆山）有限公司、仁宝电子科技（昆山）有限公司。从昆山的台资企业分析，投资到昆山的台资企业都是规模水平和产品质量比较高的企业，IT 的工业链涉及 IT 产业的上下游产品及核心产品，是 IT 供应链的整体转移，其主要产品包括印刷电路、覆铜板、笔记本电脑等产品[③]。

---

① 马凤彪，杨建梅. 台湾地区 IT 产业在大陆投资的结构演变研究. 上海经济研究，2002 年第 11 期.
② 杨建梅，冯广森. 东莞台资 IT 企业集群产业结构剖析. 中国工业经济，2002 年第 8 期.
③ http://www.ketd.gov.cn。

二、境外企业关联型产业集群——苏州和深圳电子产业集群

在这类产业集群中，当核心企业确定了地理位置后，会吸引一些与核心企业有一定上下游产业关系的企业，同时也会吸引一些与核心企业有一定竞争关系的企业到某一区域聚集。企业的区域聚集，可以使企业间相互学习，彼此跟踪发展动态，增加沟通和相互了解，减少竞争，共同利用当地的配套企业和销售网络。影响这类产业集群形成的主要因素是产业集群内核心企业的业务关系，以及当地政府的招商引资政策。

苏州和深圳电子产业集群具有境外企业关联型产业集群的特征。苏州工业园有40家全球500强企业在开发区内投资，投资项目都是IT项目。它们来自世界的不同区域，有美国的快捷、超微半导体公司，韩国的三星半导体公司，日本的富士通多媒体公司、住友电木公司等知名企业。这些企业有的存在上下游的合作关系，有的是生产同质产品的同业竞争关系。2007年电子器件制造业前20家企业中，苏州工业园的企业数有5家，分别是英飞凌科技（苏州）有限公司、奇梦达模组（苏州）有限公司、日立显示器（苏州）有限公司、苏州爱普生有限公司、瑞仪光电（苏州）有限公司。在电子元件制造业前20家企业中，苏州工业园的企业数有4家[①]，分别是旭电（苏州）科技有限公司、苏州达方电子有限公司、天弘（苏州）有限公司、日东电工（苏州）有限公司。从苏州工业园的境外企业的特点中可以发现，工业园的境外企业并没有形成供应链，多数的境外企业处于同业竞争关系，没有供应链上的上下游合作关系。境外企业来源于不同的国家和地区，同时这些境外企业都是规模和水平相当的国际知名企业。

深圳开发区的电子产业集群与苏州电子产业集群的特点相同。2007年电子计算机制造业前20家企业中，深圳有3家企业入选，分别是鸿富锦精密工业（深圳）有限公司、联想信息产品（深圳）有限公司、深圳开发科技股份有限公司。在电子器件制造业前20家企业中，深圳有3家企业入选，分别是恩斯迈电子（深圳）有限公司、鑫茂科技（深圳）有限公司、深圳三洋华强激光电子有限公司。在电子元件制造业前20家企业中，深圳有2家企业入选，分别是

[①] 根据资讯行数据整理。

群康科技深圳有限公司和深圳海量存储设备有限公司①。

苏州电子产业集群与深圳电子产业集群的共同特点是：在产业集群中起核心作用的企业不存在上下游之间的合作关系；核心企业来自不同国家和地区，相互之间存在一定的竞争关系；核心企业在供应链上生产部分产品，其他产品由配套的企业和关联的企业生产，因此核心企业与当地企业有一定的产业关联。

三、境外企业嵌入型产业集群——北京和青岛电子产业集群

这类产业集群发生在当地的配套企业比较完善、销售渠道和市场网络有一定的基础，而当地企业的产品相对于国际上的产品在品质上比较低的区域。境外资金从供应链的顶端嵌入，可以充分利用供应链的其他环节，从而可以节约进入市场的时间，同时也可以节省建立销售网络的费用。境外资金的进入在短时间内会促进集群的发展，产业集群形成后市场规模会迅速扩大。影响这类产业集群的主要因素是当地企业的配套能力和销售网络的建设。

在北京的电子产业集群中，境外企业以嵌入型模式进入。在电子计算机制造业前 20 家企业中，北京的企业只有联想（北京）有限公司 1 家；在电子器件制造业前 20 家企业中，只有威讯联合半导体（北京）有限公司 1 家；在电子元件制造业前 20 家企业中，没有北京地区的境外企业入选。境外企业进入北京电子产业集群不是通过 IT 产业供应链，也不是通过 IT 产品的关联产品和配件生产，它们主要选择软件开发作为进入产业集群的嵌入口，并且利用北京的配套企业和销售网络关系。在 2007 年软件技术服务收入的前 50 家企业中，北京的合资企业数是 22 家②。

青岛的电子产业集群以消费电子为主要特征。产业集群以海尔、海信、澳柯玛等核心企业为主导而带动。在这个产业集群中，当地的关联配套企业已经基本上配套和完善，如大型的有供货商海润电子企业、售后服务商塞维家电服务公司，而产品的销售网络由国美公司、雅泰公司、苏宁公司和三联家电公司等组成，已经具备了完善的供应链网络体系③。随着产业集群的发展，供应链中的产品由最初的组装和外围技术的加工，逐渐向核心部件和关键技术发展。例

---

① 根据资讯行数据整理。

② 根据资讯行数据整理。

③ 胡昱,刘文俭. 产业集群形成模式探析——以青岛电子家电业为例. 石油大学学报（社会科学版）,2004年第 1 期.

如开发技术含量较高的高清晰液晶显示终端、数码电视线路板、电脑主板、先进电机和压缩机、高精尖电子元器件等，这些高技术产品的高附加值和青岛消费电子产业相对完备的供应链体系吸引了国际上许多著名公司加入这个产业集群。日本松下、韩国南涯电子等跨国集团相继在青岛开发区投资建厂，从供应链的高端嵌入这个产业集群。

四、三种不同类型的产业集群之间的区别

区别三种不同的产业集群可以通过产业集群内核心企业的来源、核心企业之间的关系、核心企业与上下游企业之间的关系来判断。除此之外，还可以通过与当地政府之间及其与当地地方企业之间的关系来判断。为了进一步分析三种不同类型的产业集群，把产业集群与当地政府和企业的关系列表如下，如表 3-8 所示（表中的数值为开发区的指标的整体评分）。

表 3-8 不同类型产业集群与税收和内资企业关系

产业集群类型	开发区	涉外税收	境外资金收入	新增内资
境外企业关联型产业集群	苏州工业园	5	7	10
境外企业整体游走型产业集群	昆山	3	7	1
境外企业嵌入型产业集群	北京	5	5	1
	青岛	1	1	4

资料来源：根据资讯行数据整理。

从以上产业集群的不同类型中，可以发现这些产业集群的差异。境外企业关联型产业集群中，核心企业来自不同的地区或者不同的国家，与地方政府的谈判能力和讨价还价能力就弱，核心企业间没有上下游产业关系，并且需要当地配套企业的支持，如苏州工业园。境外企业整体游走型产业集群中，核心企业来自同一区域，或者来自有高度关联的企业，在供应链上有上下游业务关系，与地方政府的谈判能力很强，并且对当地配套企业的依赖性比较低，如昆山开发区。比较以上两种境外企业产业集群就可以发现它们之间的区别，在表中境外资金工业销售收入在苏州和昆山都是相同的，评分均为 7，但是涉外的税收收入苏州是 5，而昆山仅为 3，这说明境外企业整体游走型产业集群可以对地方政府提出更高的条件，以换取在当地的供应链的整体投资；同时在苏州的境外

企业关联型产业集群需要当地的配套企业，因此新增内资企业注册资本金的评分为10，而昆山仅为1，这也说明了两类不同类型产业集群之间的差异。

在境外企业嵌入型产业集群中，北京中关村的产业集群是以电脑软件和服务业为主的产业集群。这类企业的独立性比较高，境外企业嵌入从高端开始，对内资企业的依赖性不强，只是在销售网络和售后服务等方面需要有当地的配套企业支持，因此北京的电子产业集群境外资金工业销售收入高，涉外的税收收入也比较高，评分均为5分。青岛是以消费电子类为主的产业集群，境外企业嵌入从高性能的产品开始，需要当地配套企业的支持，因此新增内资企业注册资本金评分为4，境外资金产品销售收入和涉外的税收收入为1，产业集群中境外资金只是嵌入在供应链的某一环节。

第三节　电子信息产业集群的未来发展及建议

一、大陆未来可能的电子信息产业集群预测

产业集群的最初形成可能有许多原因，例如规模经济效应使产品的平均成本下降，具备特定的自然地理条件，有便利的交通和基础设施，有历史经验和生产传统产品的工艺、经验等，这些都能形成初级的产业集群。但是产业集群的升级则需要有技术上的突破和在短时间内资金上的大量投入，解决了这些问题，产业集群就能迅速成长；否则，随着消费偏好的改变，初级的产业集群就会退化，原来的产业集群也不能成长。然而由于投资的高风险性，大陆目前的国有企业没有经济实力承担核心企业的功能，因此通过上文分析发现，大陆产业集群的成长需要有境外企业的介入。实际上，境外企业在投资中已经占有了很大的比例，按照电子信息产业中不同企业所有制企业投资的分类，我国港台企业占51.26%，私营企业占28.24%，国有企业占2.38%，股份制企业占2.00%，集体企业占1.30%，股份合作企业占0.98%，其他占13.84%[①]。虽然资金在形成产业集群中发挥了重要作用，但笔者认为产业集群除了资金外，还需要有核

---

① 根据资讯行数据整理。

心企业参与并开展技术创新。

为了预测大陆开发区将来的产业集群，本节选择了5类指标，分别是世界500强企业数、境外企业设立的研发中心数、开发区拥有的专利数、累计科研开发资金和新增内资企业资本金。根据专家调查法，本节分别对这些指标赋予一定的权重，来预测未来大陆可能出现的产业集群。本节中把核心企业的权重定为0.5，以开发区内世界500强的企业数代表核心企业的数量，把境外企业设立的研发中心数的权重定为0.1，历年累计支持科技开发的资金权重定为0.1，开发区企业拥有的专利数权重定为0.1，开发区内当地配套企业的注册资本金权重定为0.2。根据开发区内的评分情况，对前20个开发区进行评分，然后计算出电子产业集群可能存在的区域。通过预测发现，国家级开发区中天津、苏州、广州、大连、青岛将形成新的前5位产业集群，前10位产业集群预测结果见表3-9（表中的数值为开发区的指标的整体评分）。

表3-9　全国前10家开发区评分及产业集群评分排序

序号	指标名称	500强	研发中心	累计科研资金	专利数	内资资金	评分
1	天津	15	7	15	5	2	10.6
2	苏州	11	8	8	4	10	9.5
3	广州	10	12	11	0	0	7.7
4	大连	7	6	9	6	0	5.6
5	青岛	7	2	11	6	0	5.4
6	漕河泾	6	15	0	4	0	4.9
7	上海金桥	8	7	0	1	0	4.8
8	烟台	4	6	10	4	4	4.8
9	宁波	4	4	7	6	2	4.1
10	昆山	4	5	4	10	1	4.1

资料来源：根据资讯行数据整理。

二、发展电子信息产业集群的政策建议

（一）当地政府的招商引资政策要有选择地进行产业更新和产业转移。任何产业都存在产品生命周期，电子信息产业也是如此。虽然这类产业属于高新技术产业，但是由于技术进步的速度比较快，产品的更新速度也随之加快，所以对高新技术产业的投资应不断进行产业更新，及时进行产业转移。在当地政府的招商引资中，对电子信息产品也要评价其所处的生命周期，有选择性地吸引境外资金。

（二）地方政府在制定促进产业集群的政策中，不但要重视产业的整体规模，而且要重视产业的结构比例和专业化水平。有些地区的产业集群是靠扩大规模来形成的，产品的质量处于低水平同一层次的竞争，没有一定的结构比例关系，一旦消费需求发生变化，就会造成大量的产品积压，产业集群就会失去市场需求而解体。

（三）政府应设立创新基金，促进技术开发，提高专业化水平。在产业集群中，技术更新和技术进步是促进产业集群发展的动力，中小企业又是技术创新的主体，与市场有密切的联系，是技术创新的主要来源；但是由于中小企业资金上的短缺，再加上技术创新活动的高风险，使得许多中小企业的技术只能停留在技术创新活动的初期，不能形成最终的产品。政府对中小企业的创新支持，能促进中小企业的技术开发，吸引大型企业加入产业集群，从而使产业集群得到升级。

（四）地方政府在招商过程中，要预防境外企业整体游走型产业集群的整体转移，以免造成产业空心化或形成专用性资产。虽然境外企业整体性投资会在短期内促进当地经济的发展，但是一旦境外企业整体型产业集群发生转移，当地的经济就会陷入困境。失去了核心企业的支持，与之配套的当地企业所有的设备、人员投资就会形成大量的沉淀成本，这些成本会远远高于境外企业整体性投资带来的收益。

（五）地方政府在吸引境外企业投资的同时，应以同样的政策吸引具备条件的内资企业。因为产业集群需要有当地的配套企业支持，培养当地企业可以减少企业流动的风险，扶持本地经济发展会在劳动就业和社会稳定方面都获得很大的收益。当地政府对内资企业的重视程度不够，认为内资企业技术水平低、资金弱，存在对内资企业认识上的偏差。随着我国经济水平的发展，很多内资企业在技术和资金上都有了很多的改善，充分发挥内资企业的作用，对促进产业集群的发展有很大的帮助。

第四章　台湾电子信息产业发展

我国台湾地区是全球第三大电子信息产品生产地，多项产品的产量都高居世界第一位。电子信息产业（ICT）在台湾被称为"资讯产业"，是台湾产业发展史上发展最快、影响最深远的产业之一。截至 2012 年，台湾电子产品产值高达 688.16 亿美元，电子产品市场总额为 296.54 亿美元，均达到历史最高点。

第一节　历史与现状

一、政策沿袭

1969 年，台湾当局科技主管部门明确把电子、通信产品列入开发应用目标。1979 年，台湾成立由主管部门与民间共同出资的财团法人。该组织在推动资讯通信产业相关政策的制定、促进信息产业发展和培育新兴产业等方面都发挥了非常重要的作用。在 1979 年的"十年建设计划"和 1991 年的"六年建设计划"中，台湾当局又把信息产业列为优先发展的"战略性"产业和"十大新兴产业"之一。

1982 年，台湾有关方面出台《台湾地区资讯工业部门发展计划》，针对当时台湾信息产业发展现状，对与信息产业有关的信息技术研发、信息产品生产、教育培训以及财税金融政策等作了全面的规划，以扶植信息产业发展，并将之拓展为输出产业。

1989 年，台湾有关方面颁布了《台湾资讯工业部门发展计划（1990～2000 ）》，设定的发展目标分为信息化目标、信息产业营收目标、人力目标和研发投资目标四个方面。

1994 年 8 月，台湾成立"资讯通信基本建设专案推动小组"，主要负责相关的资源规划、网络建设、应用技术推广、人才培育以及便民服务自动化等工作。

1995 年 11 月，台湾又设立"资讯工业发展推动小组"，旨在加速发展硬件、软件、通信半导体、互联网和平面显示器等六大重点产业，使台湾成为"世界资讯科技产品的制造中心"。

2001 年，台湾将"资讯通信基本建设专案推动小组""资讯工业发展推动小组"与"产业自动化及电子化推动小组"这三个机构合并为"资讯通信发展推动小组"，专门负责推动台湾信息产业和社会信息化的发展。

2002 年，台湾当局主管部门提出《"挑战 2008"计划》，将信息服务业列为产业高值化计划中的四大新兴服务业（研发服务产业、信息服务业、流通服务产业、照顾服务产业）之一。台湾经济主管部门在 2002 年拟定《两兆双星产业发展计划》，两兆产业是指未来扶植产值分别超过新台币 1 兆元的半导体产业和面板产业。其中，相关部门成立半导体产业推动办公室，打造台湾成为全球半导体重要集成电路（IC）设计、开发和生产制造中心，以利扶植外围系统规格的发展；在另一"兆"的面板产业方面，相关部门成立影像显示产业推动办公室，推动上、中、下游产业合作。

2003 年，台湾相关部门推行中长期《信息服务业发展计划》。行政主管部门也在 2003 年底着手研定《服务业发展纲领及行动方案》，将"信息服务业"列为台湾未来策略性发展的 12 项服务业之一。

2004 年，台湾当局相关负责人又提出了《M 台湾计划》[①]，准备在 5 年内开展"宽频管道建置分项计划"和"行动台湾应用推动分项计划"两大项目。

2006 年，台湾经济主管部门开始推出《品牌台湾发展计划》，大力推动电子产品的品牌建设，以整合相关资源，促进信息产业的持续优势发展。在以上各项规划和战略措施的推动之下，台湾信息产业得以快速发展，该产业的年平均增长率一般都高于 10%。信息产业也因此成为台湾最有竞争力的支柱产业之一，在台湾经济中占有非常重要的地位。

2007 年 3 月，台湾当局主管部门通过《资通信发展方案（2007～2011）》，配合无所不在的运算技术的发展与应用，以民众可以感受到的观点切入，让任

---

① M-Taiwan（行动台湾计划）. 资讯工业年鉴（2008），第四章，第一节.

何人都能不受教育、经济、区域、身心等因素限制，在任何时间、任何地点，通过多元装置享受经济、便利、安全及贴心的优质生活服务。在策略上以"创新台湾"成为优质网络化社会的典范作为目标，推动符合民众需求的关键性应用，协助解决社会发展议题，让人民感受到 ICT 的好处，进而带动科技化服务的发展。其中包括七大策略：完备网络化社会环境、建构下一代数位汇流网络、创造公平数位机会、创新科技化服务产业、创新 U 化生活应用、强化资通信安全与信赖、创新 U 化公共服务。据统计，2007 年通过"不规范采购资讯公告系统"和"主管机关公文电子交换"，分别节省机关刊登招标资讯约新台币 30 亿元，节省纸张费用及邮资相关成本约新台币 2 亿元。

2008 年，国民党候选人在选举时提出经济建设政见《爱台十二建设》，包括交通运输、产业发展、城乡发展及环境保护等，其中智慧台湾预算新台币 2250 亿元。具体目标提出：将台北市"无线新都"经验推广至全台湾主要都市区，全面建置无线上网设施；建置"无线高速公路"，使所有偏远地区均享有与城市相同之宽带服务；"建构智能交通系统及智能生活环境"，实现交通管理智能化、陆空海运输智能型整合、物流智能化、通关智能化、票证整合与电子化，建构智能型医疗照顾、智能型安全、智能化金流及电子交易①。在马英九任台湾地区领导人期间，这项政策推动力度相当大。

随着两岸关系逐步融洽，大陆经济迅猛发展，台湾当局更加关注大陆市场。从 2009 年台湾经济主管部门促成两岸资讯服务产业"搭桥"活动开始，两岸间的合作由过去的业者单打独斗模式，转为由行业协会主导搭建"两岸资讯服务产业搭桥"平台，即由台湾主管部门、软件协会及台北市计算机公会等建立一个持续、稳定的交流平台，使更多拥有优秀技术与开发能力的台湾资讯服务业者，能通过这座互通桥梁，更容易地将自身产业经验、产品及专业领域解决方案推广到大陆，携手共创全球市场商机。

台湾当局一向非常重视科技产业的发展，有关方面于 2010 年宣誓推动四大新兴智能型产业，包括云端运算、智慧电动车、智慧绿建筑和发明专利产业化，目的在于布局未来长期产业发展，使台湾的产业可以利用脑力与创新更上一层楼，以提升国际竞争力与附加价值。未来 6 年内，台湾当局将至少投入新台币

---

① 投资台湾网，investtaiwan.nat.gov.tw。

150 亿元来协助产业发展，为台湾产业带来转型契机，布局未来产业发展[①]。

二、发展历程

世界正大步迈向新时代。据统计，目前世界信息产业产值已超过万亿美元，软件和信息服务成交额超过千亿美元。西方经济发达国家信息部门的产值占国内生产总值的一半以上，信息劳动力占社会劳动力总数的一半以上。信息产业的增长速度已明显超过了其他产业，成为世界经济发展的领头羊。在 21 世纪，信息产业将成为全球规模最大的产业。

（一）第一个十年——奠基与启航（1981～1990 年）

20 世纪 70 年代的台湾产业发展以劳力密集轻工业为主，外销主力如纺织、玩具及雨伞等品项为台湾产业发展奠定了坚实的基础。

不过由于国际能源价格长期上涨，世界经济成长减缓，保护主义盛行，加上其他发展中国家与大陆积极发展劳动密集型的轻工业，台湾过去创造经济发展奇迹的外部环境有了重大的改变，产业成长逐渐面临瓶颈。为了维持 1981～1990 年"十年经建"计划 8%的成长目标，产业结构调整势在必行。考虑多方因素，最终在战略上对科技产业的发展进行了全面布局。从产业成长和组成的角度来看，台湾高科技产业在第一个十年主要是以个人电脑及周边产业开始零头发展，产业之所以能够顺利启航，也是把握了机遇。1980 年后，台湾厂商出口的电子产品主力为电子游戏机，外销金额约 2 亿美元。由于电子游戏机技术原理与电动玩具相通，因此也被大量制造并在岛内销售，从而引发许多社会问题，导致当局下令严禁。在这种情形下，厂商不得不考虑转型，从事相关的行业。也是在这个时期，国际商业机器公司（IBM）推出了全世界第一台商用电脑。由于 IBM 的全球个人电脑采用开放式架构，此架构带动了个人电脑（PC）产业的快速发展，也直接让台湾厂商在技术障碍较低的情况下，踏过了 PC 生产制造的门槛，有机会参与市场竞争，从而奠定了日后成为全球电脑生产基地的基础。

（二）第二个十年——成长与壮大（1991～2000 年）

台湾个人电脑及周边产业在全球市场需求不断扩大、国际大厂积极寻求低成本制造来源的激励下，持续成长。营运模式虽大部分仍以代工为主，但多已

---

① 投资台湾网，investtaiwan.nat.gov.tw。

提升至原始设计制造商（Original Design Manufacture，ODM）的层次。过去国际大厂到台湾多为寻找制造伙伴，但这个阶段与台商进行技术合作的厂商逐渐增加。此阶段也由于岛内生产成本逐渐提高，部分不具有竞争力的产品开始向外转移。也由于岛外生产日益重要，跨境生产调配、全球运营成为竞争的关键。因此，台湾高科技产业的核心竞争力也逐渐从优异的生产制造能力，扩展到供应链管理与全球运筹能力。举例而言，过去产品出货有所谓的955的要求，即95%的订单要在5天内送达客户，之后扩展至982，即98%的货可以在2天内送达客户要求的地点，甚至有些货可以做到0024，亦即所有的货可以在24小时内送达。

也因为构建了这样有效率的全球运筹管理的能力，台湾的营运形态发生了转变。首先，厂商的营运范围从原本的研发、生产扩大至全球采购、全球原料管理、跨组织管理信息系统（MIS）的建立，甚至包括后勤服务系统的设立。而且与零组件供应商、报关代理公司、运输公司、仓储公司等策略伙伴的联系更加紧密，无形中也提高了竞争的门槛。

其次，全球运筹式的生产体系促使生产厂商的任务增加，也因此在人才、设备、资金等方面的投入增加，加上设立新据点时的资金要求、物流时间拉长增加库存风险与利息负担、跨境投资所产生的制度与文化差异导致潜在的经营风险等调整，提升了台商全球管理及风险对抗的能力。

最后，也是最重要的是，随着全球运筹式生产体系的布局，品牌厂商与制造商的关系从单纯的交易关系演变成战略合作伙伴关系，从而形成新的产业转移模式。这也是台湾个人电脑产业能长期领先的因素之一。至2000年，台湾个人电脑及周边相关产业等ICT制造业全球产值已达470亿美元，其中岛内产值达231亿美元，排名世界第四。许多产品，如主机板、笔记本电脑、监视器等的制造数量占有率居世界第一。同时，为追求生产成本的降低和国际布局以服务品牌厂商，岛内产值占全球产值的比例在2000年首次低于50%。

就在台湾电脑及周边产业快速扩张之时，另一重要科技产业——半导体产业也开始崭露头角。2000年时，台湾IC制造企业共计16家，前10大厂商包括台积电、联电、华邦、茂硒、茂德、旺宏、世界先进、力晶、德基、南亚。台湾IC制造业可说是整个IC工业的核心，随着IC制造业的快速发展，岛内IC设计业、封装厂、专业测试公司、硅晶圆材料业、光罩业等也有明显快速成长。

（三）第三个十年——飞跃与转型（2001～2010 年）

台湾高科技产业的发展是从电脑及周边产业开始萌芽的，之后扩至网络通信产业，逐渐向上游半导体产业深耕，最终成品的零组件自给率不断提升。但在个人电脑市场逐渐往液晶显示器和笔记本电脑发展的 20 世纪 90 年代中期，液晶显示面板成为左右竞争力的关键零组件，但当时的台湾则缺乏这方面的产业实力。

台湾平板显示器产业发展历程可以追溯到 1976 年敬业电子自美国休斯公司引进扭曲向列液晶显示器（TN-LCD）组装技术。1985 年台湾爱普生设立超扭曲向列液晶显示器（STN-LCD）后段组装工厂，也奠定了一些产业基础。

在"两兆双星"计划下，当局提出四大政策愿景作为显示产业政策五年发展目标，推动台湾成为全球第一大薄膜晶体管液晶显示器（TFT-LCD）供应地，构建台湾成为全世界最主要的显示产品研发和制造重镇。2006 年显示产业产值达到新台币 1.37 兆元以上，未来 5 年民间投资金额达到新台币 3500 亿元以上。2006 年，以液晶面板研发为主的台湾影像显示产业产值达到新台币 1.27 兆元，虽没有达成设定的目标，但其上下游产业完整，直接雇佣的台湾员工超过 4 万人，已成为台湾仅次于半导体的重量级产业。不过，正如友达董事长所言："台湾的半导体产业发展历时 20 多年，才达到兆元规模，液晶显示器产业仅仅花了 7 年就达到相近的规模，足以匹敌世界级影响力。"

在 2008 年金融海啸来袭之时，以制造代工为主而无"出海口"的经营模式受到重创，液晶面板产能利用率大减，厂商财务面临重大考验。除了与大陆电视厂商结盟之外，台商也在寻求其他途径。2009 年鸿海集团的群创宣布合并奇美，成立新奇美，改变了市场格局。

在"两兆双星"政策推动下，半导体产业也迅速发展，不仅产业链更加完整，产值也逐年提高。除了制造代工仍独领风骚之外，IC 设计业更是有长足发展，在手机芯片、液晶面板渠道 IC 的带动下，成长迅猛。据统计，2007 年台湾半导体产值新台币 1.47 兆元。

在营运模式方面，由于组织发展的需要，许多厂商开始进行品牌与代购的分割。例如，2000 年宏碁进行了企业改造，将集团分割为宏碁、明基和纬创三家公司。改造初期虽经阵痛，但也如浴火的凤凰，都有不错的成绩展现。宏碁的个人电脑事业并购了 Packard Bell 及 Gateway 两家电脑公司，向世界挺进；明基推出自有品牌 BenQ，在发展过程中，为了迅速进入手机市场，并购了西门子的手机部门；纬创的代工事业也在与许多国家或地区公司的合作中取得佳绩。而华硕在 2008 年初，将品牌与代工分割，成为华硕与和硕两家公司。在品牌与代工分割并同步发展的阶段，HTC 的表现也令人欣慰。

三、发展现状

2011 年以来，由于受到日本大地震、欧美债务危机等国际不利因素的影响，使得以出口导向为主的台湾地区经济增长速度放缓。据台湾有关方面公布的数据，2011 年，台湾地区的本地生产总值（GDP）为新台币 14.8 万亿元，扣除价格因素后的实际 GDP 同比增长 4.04%，比上年下滑 6.68 个百分点。

2012 年台湾 ICT 制造业生产的硬件产品在全球代工市场占有率的表现上，超过七项出货量位居世界第一，其中有四种产品的全球市场占有率高达六成以上，包含笔记本电脑、主机板、液晶显示器（LCD）以及平板装置。这些都显示了台湾在全球 ICT 市场上举足轻重的地位。

表 4-1　2012 年台湾 ICT 制造业的全球市场占有率表现

产品	全球市场占有率	全球市场占有率排名
笔记本电脑	89.0%	第一
主机板	78.5%	第一
平板电脑	68.9%	第一
液晶显示器	67.8%	第一
服务器	56.2%	第一
台式电脑	45.7%	第一
数码相机（DSC）	41.2%	第一

经过近半个世纪的发展，台湾的 ICT 制造业不管从数量还是质量上，在全球产业链中都具有举足轻重的地位。但目前台湾的 ICT 产业也存在一些问题。

第一，台湾的产业过度集中于电子资讯业。电子资讯业、化学与金属工业占了制造业 GDP 的 70%左右，占出口额比例高达 60%。2007 年的时候，资讯电子业的成长率达到 19.17%，对总体经济成长率的贡献率高达 2.14。不过，在欧美经济遭遇打击、进口需求减弱后，台湾所得弹性高的 ICT 产品出口大幅度衰落，2009 年上半年出口额更是衰退了 34.20%。

第二，台湾产业以委托制造代工、委托设计代工为主，产业的附加值低，缺乏品牌来兑现研发效益。而且，台湾产品的价值链高度集中于中上游产品，中间产品成为台湾出口的主力，对下游产品市场需求的掌握能力相对薄弱。

第三，"两兆双星"产业中，半导体、大尺寸面板均易受全球经济景气指数的影响，易于出现大面积的衰退。而服务业虽然已经占据台湾 GDP 的 70%，但竞争力弱，升级的脚步慢，不容易国际化，也无法为制造业增值或结合制造业提升整体优势。此外，台湾的服务业发展受限于岛内市场太小，人才、资金不足，研发投入有限，也使得国际化能力和输出能力受到制约。

在 2008 年金融危机爆发后，台湾 ICT 制造业受到的冲击立刻显现，岛内 GDP 连续负增长。台湾当局再次推进台湾经济升级转型，其首要原因也是外贸出口的压力。整个台湾经济太依赖外销，在外销当中又常常依赖于一类或几类产品，一旦受到外部需求的影响，产业的抗风险程度就需考量。

第二节　台湾电子信息产业产品布局

一、平板电脑

2010 年苹果平板电脑（Apple iPad）几乎独占整体平板电脑市场。2011年各品牌大厂陆续投入平板电脑生产，为求终端产品品质和终端售价与 iPad 抗衡，纷纷将平板电脑委托台湾厂商制造。继笔记本电脑、台式电脑和服务器等代工制造模式之后，台湾厂商出货量占全球出货量比重达八成以上。2012 年延续品牌大厂委托台湾厂商代工趋势，出货量提升至 9702 万台，占全球出货量比重为 68.9%。

从历年排名变化分析，在全球平板电脑产业中，台湾代工厂商在整体产业供应链上具备相对优势，因此获得国际品牌大厂青睐。第一线代工业者包括鸿海、广达、和硕、英业达及仁宝。前五大代工业者 2012 年出货量占全球出货量比重高达 68.9%，产业集中度相当高。

表 4-2　2010～2012 年台湾平板电脑产业的全球变化

项目	2010 年	2011 年	2012 年
年产量（千台）	16134	59039	97023
全球占有率	98.8%	86.5%	68.9%
岛外生产比重	100%	100%	100%
全球排名	第一	第一	第一

资料来源：台湾经济主管部门"产业技术和知识服务（ITIS）计划"，2013 年 4 月。

从历年产销情况分析，台湾平板电脑产业因接受国际主要平板电脑大厂的代工订单，因此产业脉动与国际大厂表现息息相关。对于台湾代工厂商而言，平板电脑整体产业仍然持续呈现稳定成长的态势，尤其在微软发布新一代操作系统后，对于在笔记本电脑市场占有率高达九成的台湾代工厂商而言，后续争取相关订单也较容易。2012 年，台湾平板电脑出货量达到 9702 万台，同比增长 64.3%。2012 年平板电脑终端售价因清理库存和白牌产品抢市而快速下滑，导致生产端平均销售价格（ASP）也随之下滑。在 ASP 降低的情况下，2012年台湾平板电脑总产值为 286.9 亿美元，产值成长率低于出货量的成长，相较2011 年增长 50%。

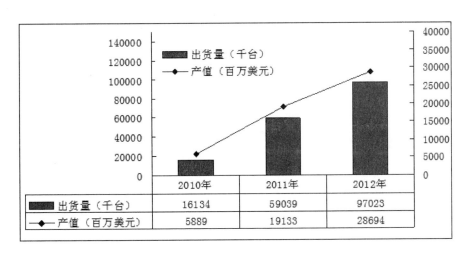

	2010年	2011年	2012年
出货量（千台）	16134	59039	97023
产值（百万美元）	5889	19133	28694

图 4-1　2010～2012 年台湾平板电脑产值变化图

从产品结构分析，以往以 7 寸低价平板电脑为主的北美电子书品牌商亚马逊和巴诺（B&N），在 2012 年第三季推出新一代 7 寸平板电脑，同时也将产品线向 8.9 寸移动，希望通过比 iPad mini 更大的面板尺寸和较低的价格吸引消费者。除了北美两家品牌商之外，谷歌与华硕共同推出 7 寸产品 Nexus7，在全球市场受到好评。另外，平板电脑领导者苹果也在 2012 年第四季度推出 7.9 寸 iPad mini，在最低终端售价仅 329 美元，其产品特点使该产品成为 2012 年小尺寸平板电脑之首。在全球主要平板电脑品牌大厂均推出 9 寸以下平板电脑产品后，在价格便宜和便携的双重优势下，2012 年第四季度台湾平板电脑产业 9 寸以下产品出货量比重已攀升至 57%，比第三季度大幅增长。

二、笔记本电脑

2012 年的笔记本电脑产业发展中，各国/地区产量均有下降，但台湾排名依然领先全球。台湾代工生产具有反应快速以及经济规模等优势，市场占有率持续接近九成，具有相当重要的地位，非其他竞争对手所能轻易超越。

表 4-3　2008～2012 年台湾笔记本电脑的全球排名变化

项目	2008 年	2009 年	2010 年	2011 年	2012 年
年产量（千台）	123481	144427	168921	174757	171276
全球占有率	93.0%	94.5%	92.8%	89.4%	89.0%
岛外生产比重	98.2%	99.0%	99.7%	100.0%	100%
全球排名	第一	第一	第一	第一	第一

资料来源：台湾经济主管部门"产业技术和知识服务（ITIS）计划"，2013 年 4 月。

从产量变化来看，从 2008 年至 2012 年台湾笔记本产量持续增加，从 2008 年 1.23 亿台，增长到 2012 年的 1.71 亿台。从增长率来看，2008 年增长率高达 36.5%，之后几年受总体经济环境和技术更替、产品替代等多种因素的影响，增长率开始下降，2012 年已出现负增长。

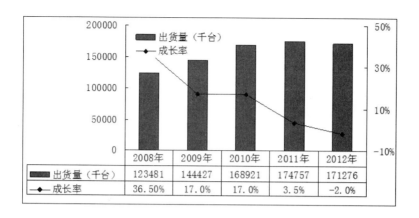

	2008年	2009年	2010年	2011年	2012年
■ 出货量（千台）	123481	144427	168921	174757	171276
◆ 成长率	36.50%	17.0%	17.0%	3.5%	-2.0%

图 4-2 2008～2012 年台湾笔记本电脑产量变化图

从产值部分来看，主要受到产品组合改变的影响，小尺寸笔记本电脑出货量所占比重大幅度降低，使整体产品平均价格得以回升。另外也受到超极本（Ultrabook）产品影响，在部分关键零组件的采用上，相对一般常规笔记本电脑成本更高。厂商提高各项零组件的选用门槛，多以产品薄型化设计为目标，因此带动产品的平均价格提高。整体观察 2012 年台湾笔记本电脑出货产值接近811.1 亿美元，年增长率为 3.1%，也是近年来最低的增长率。

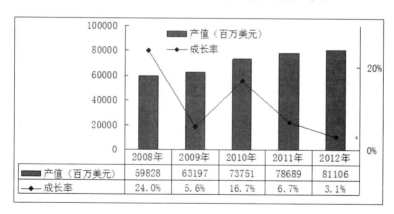

	2008年	2009年	2010年	2011年	2012年
■ 产值（百万美元）	59828	63197	73751	78689	81106
◆ 成长率	24.0%	5.6%	16.7%	6.7%	3.1%

图 4-3 2008～2012 年台湾笔记本电脑产值变化图

从业务形态来看，台湾代工厂商长期以 ODM 占大多数，少部分尝试采用代工厂经营自有品牌（Own Brand Manufacture，OBM）模式，以自有品牌、自行生产模式进行。据台湾有关方面研究估计，随着该产业经济规模生产效果明显，采用 OBM 模式比重将逐渐降低。

此外，随着笔记本电脑产业出货增长趋缓，甚至不增长，对区域型品牌客户出货更受到一线品牌威胁，连带使得以这些区域型品牌客户为主的二线代工业者受到影响，因此将目标市场转往利基市场发展，例如高级游戏、教育等市场，其途径亦与以往所熟悉的传统途径大不相同，其成效尚未显现。整体而言，台湾笔记本电脑厂商的自有品牌业务由2011年的2.8%再降至2012年的1.8%。

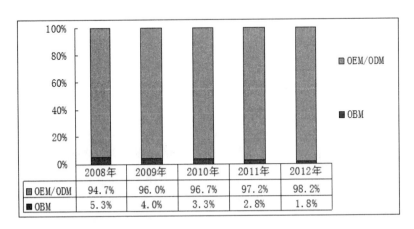

	2008年	2009年	2010年	2011年	2012年
OEM/ODM	94.7%	96.0%	96.7%	97.2%	98.2%
OBM	5.3%	4.0%	3.3%	2.8%	1.8%

图4-4　2008～2012年台湾笔记本电脑产业业务形态

三、台式电脑

2010年之前，品牌业者为降低生产成本，持续增加委外代工订单。台湾代工业者配合弹性度相当高，加上台湾部分厂商近年来采取向大陆投资扩厂战略，将产能逐渐移往大陆，以提高台湾在制造成本和产能方面的优势，在争取代工订单时具有高度竞争力，因此台湾代工全球占有率每年均有一定幅度的增长。鉴于台式电脑市场需求持续下滑，品牌业者将部分高端机型保留自制，甚至提高自制比重，企图以自制作为产品差异化要素，提升品牌形象。

从2008年至2012年间，台湾代工厂商台式电脑产量市场占有率一直保持增长态势，2012年年产量超过5800万台，全球占有率达到45.7%，相较2008年提高了近12个百分点。岛外生产的比重也居高不下，保持在99%以上。

表 4-4 2008～2012 年台湾台式电脑的全球排名变化

项目	2008 年	2009 年	2010 年	2011 年	2012 年
年产量（千台）	44461	46067	54618	56669	58303
全球占有率	33.8%	38.9%	42.3%	43.6%	45.7%
岛外生产比重	99.6%	99.2%	99.3%	99.4%	99.4%
全球排名	第二	第一	第一	第一	第一

资料来源：台湾经济主管部门"产业技术和知识服务（ITIS）计划"，2013 年 4 月。

观察台湾地区台式电脑业，虽然全球台式电脑市场衰退，2012 年上半年由于泰国水灾导致硬盘缺货，对行业都有所影响；但硬盘供应商在考虑订单与获利的情况下，其库存以国际品牌业者为优先供应对象，因此台湾 ODM 业者受到影响较小。而之前几年，以 2008 年和 2009 年为例，台湾台式电脑的市场增长率很低，2008 年甚至是负增长。在 2010 年，台式电脑增长最快，高达 18.6%，其后几年增长率持续偏低。

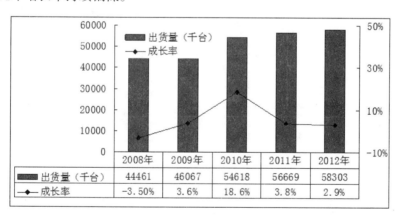

出货量（千台）	2008年	2009年	2010年	2011年	2012年
出货量（千台）	44461	46067	54618	56669	58303
成长率	-3.50%	3.6%	18.6%	3.8%	2.9%

图 4-5 2008～2012 年台湾台式电脑产量变化图

从产值来看，一体机（AIOPC）占台湾台式电脑出货量比重持续上升，一方面是由于一体机（AIOPC）几乎以全系统的方式出货；另一方面是由于产品多以中高端机型为主，平均单价较高。同时，微软推出新系统，Win8 主打触控操作界面，也提高了产品的单价。2012 年，台湾台式电脑产值近 158 亿美元，与 2011 年相比，增长 2.1%。

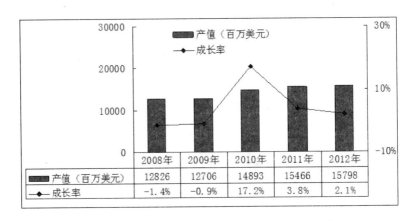

	2008年	2009年	2010年	2011年	2012年
产值（百万美元）	12826	12706	14893	15466	15798
成长率	-1.4%	-0.9%	17.2%	3.8%	2.1%

图 4-6 2008～2012 年台湾台式电脑产值变化图

从台式机生产形态分析，自 2008 年以来，国际品牌大厂委外代工的比重一直很高，2008 年委外代工比例为 97.4%，2009 年以后都在 98%以上。2012年委外组装层级有所提升，因此台湾的台式电脑总体出货中，代工业务的比重居高不下，出货单价相比 2011 年变动不大，在 270 美元左右。

观察台式机的消费地，2012 年北美、西欧等成熟市场相较 2011 年都有下滑迹象，北美销售份额从 2008 年的 39.1%下滑至 2012 年的 24.8%，西欧则从17.6%下滑至 12.0%。与之对应的是，中国大陆的销售比重从 2008 年的 18.6%提升到 2012 年的 26.9%。除了中国大陆，印度、巴西等新兴市场成长潜力巨大，也是台湾地区代工企业所看好的。

四、服务器

随着互联网的发展，虚拟商品和云端服务不断发酵，大大带动了台湾服务器产业的发展。同时，由戴尔和惠普等品牌企业控制的研发技术，也因互联网企业的特殊要求和完备的技术研发团队，为台湾代工业者提供了直接供货的途径。

从台湾服务器全球排名变化看，2010 年以后一直处于全球第一的位置。年产量在 2009 年有约 10%的下降，但全球占有率依然提升了两个百分点。2010年后，服务器产量一路上升，2012 年年产量达到 478.8 万台，全球占有率达到56.2%，也是近 5 年来第一次超过全球一半的产量。

表 4-5　2008～2012 年台湾服务器的全球排名变化

项目	2008 年	2009 年	2010 年	2011 年	2012 年
年产量（千台）	3047	2773	3173	3687	4788
全球占有率	35.1%	37.3%	40.9%	44.3%	56.2%
岛外生产比重	93.2%	94.8%	97.6%	98.2%	98.5%
全球排名	第二	第二	第一	第一	第一

资料来源：台湾经济主管部门"产业技术和知识服务（ITIS）计划"，2013 年 4 月。

目前台湾服务器代工业者大致分为协助品牌大厂代工的业者和服务器白牌市场的制造商。前者以英业达、鸿海、纬创、神达为主要领导厂商；而服务器白牌市场制造商又称为服务器通路商，或主机板及准系统供应商，目前可谓群雄并起，除国际大厂超微（Supermicro）之外，广达、技嘉、微星等也各有一份市场空间。更值得关注的是，原品牌大厂代工的业者也开始另成立子公司，或衍生相关事业群，开始开拓白牌市场这块蓝海市场。在台湾服务器业者的技术投资方面，由于绿色节能风潮兴起，厂商也持续进行相关的投资，强化在研发技术方面的能力，如 ARM（Advanced RISC Machine）架构的服务器就受到众多厂商的关注。

从近年来台湾服务器产量和产值变化看，在度过 2009 年金融危机影响最严重的一年之后，随着电子商务、云端服务等兴起，服务器的产量一路提高，2012 年其产量成长率近 30%。从产值看，2008～2010 年，产值变化还不大，2011 年开始迅速上升，2012 年产值达到了 56.97 亿美元，成长率高达 65.5%。服务器的市场因新兴市场的发展而获得快速发展，可以预测，在未来几年内，服务器市场的发展仍然会趋于高位，同时代工业者的技术能力也必然成为提高竞争力的关键指标。

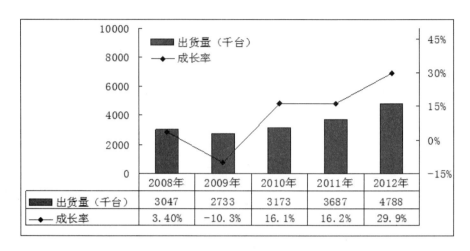

	2008年	2009年	2010年	2011年	2012年
出货量（千台）	3047	2733	3173	3687	4788
成长率	3.40%	−10.3%	16.1%	16.2%	29.9%

图 4-7　2008～2012 年台湾服务器系统产量变化图

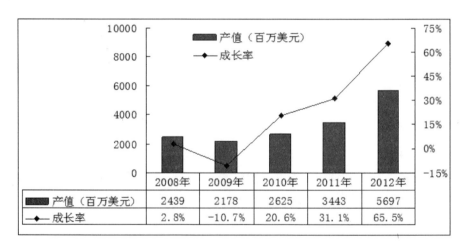

	2008年	2009年	2010年	2011年	2012年
产值（百万美元）	2439	2178	2625	3443	5697
成长率	2.8%	−10.7%	20.6%	31.1%	65.5%

图 4-8　2008～2012 年台湾服务器系统产值变化图

　　从销售区域看，由于部分品牌厂商依然保留自己的组装线，因此会要求代工厂商生产准系统以及机壳，并运送至与西欧市场和北美市场等邻近的地区自行组装成最终产品，因此其他地区的销量呈现增长趋势。2012 年整体市场依旧以北美为主，亚洲等新兴市场也逐渐受到重视。主要的销售地区以北美和西欧市场为主，2012 年其销售份额分别为 39.2%和 12.3%，中国大陆市场销售占12.5%。

五、数码相机

数码相机因方便、省钱等优点，很快替代了胶片相机。同时，在社交网络普及的环境下，消费者已习惯利用手机的拍照功能，以便时刻记录和更新动态、照片与位置等，也促使相机模组成为手机规格战的重要利器。手机品牌业者除了持续提高镜头像素之外，也开始强调夜拍效果、光学防抖等能够提高影像品质的功能，使手机拍摄画质与中低端数码相机的差距缩小，这些都让数码相机的市场受到冲击。为了应对市场的变化，数码相机的品牌业者一直在挖掘数码相机与手机拍照功能的差异性，持续进军高阶数码相机市场。台湾有关方面的研究表明，尽管技术不断改良，但数码相机的市场增长率仍然呈现持续衰减趋势。

从全球占比看，台湾自 2010 年起，数码相机一直居全球第一位，尽管市场销量在逐步萎缩，但台湾生产的数码相机数量在 2010 年和 2011 年都保持增长，2012 年开始下降。由于数码相机逐步向高阶发展，中低端产品市场份额会逐步减少，那么台湾在技术提升上空间会更大，而且高阶市场的争取机会也相对更多。

表 4-6　2008～2012 年台湾数码相机的全球排名变化

项目	2008 年	2009 年	2010 年	2011 年	2012 年
年产量（千台）	48821	49719	61384	61809	42619
全球占有率	39.7%	42.6%	46.6%	48.4%	41.2%
岛外生产比重	99.3%	99.5%	99.5%	99.7%	99.7%
全球排名	第二	第二	第一	第一	第一

资料来源：台湾经济主管部门"产业技术和知识服务（ITIS）计划"，2013 年 4 月。

目前全球数码相机主要产地是我国台湾地区、日本和韩国。日本和韩国以经营品牌业务为主，知名的大厂包括佳能、尼康、索尼、富士和三星等；而我国台湾地区则以代工业务为主，为全球第一数码相机的代工制造地，代工客户囊括了日韩数码相机品牌。

台湾目前的数码相机制造商主要包括佳能、华晶、鸿海和亚光 4 家企业，这些厂商相关生产线多已建设完成。台湾地区目前主要负责前端研发和设计，大陆负责生产和制造。从目前生产情况看，几乎 100%的生产都已转移至大陆。

从产量来看，2011 年台湾数码相机的产量达到高峰，年产量超过 6180 万台；但随着智能手机的快速普及，2012 年数码相机的产量直线下降，锐减近 2000万台，减幅超过 30%。

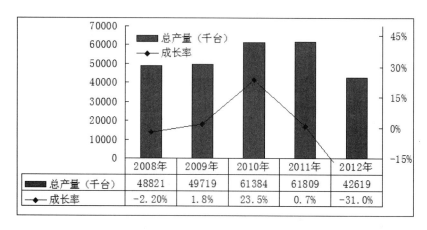

图 4-9　2008～2012 年台湾数码相机产量变化图

2012 年台湾整体代工量大幅下降，产业内部进行升级，以高阶产品替代低阶产品，提高产品单价，减少产值的下降幅度。从产值和产量的降幅来看，产值减幅明显小于产量的减幅。但随着智能手机的逐步普及和功能的多元化，数码相机的市场前景并不乐观。

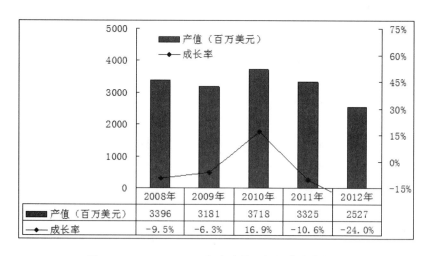

图 4-10　2008～2012 年台湾数码相机产值变化图

第三节　全球电子信息产业未来发展趋势

中国台湾位居亚洲经济战略地位，成为欧、美、日及亚太新兴市场的联结枢纽与产业策略的重要桥梁，也是国际企业在亚太地区营运总部的首选之地。

一、ICT 产业优势

信息服务业营收持续成长，2011 年台湾信息服务业营收达新台币 2710 亿元，2008～2011 年年复合成长率（GAGR）达到 6.3%。此外，信息服务业的从业人数也呈成长趋势，2011 年从业人数提升到 7.67 万人，每人每年平均生产力为新台币 353 万元，到 2012 年整体产值更达到新台币 2905 亿元。

台湾科技业与制造业具竞争优势，半导体、光电、信息、通信等产品全球市占率超过七成。国际企业可结合台湾"世界第一级"零件供货商之能力，在台湾设立市场开发与研发中心，以发展各类创新商品与服务。厂商可同时整合资通信与服务领域专业知识，结合台湾的优势，进行创新实验，总结成功经验，以台湾为基地创造出各类的商品与服务，营销拓展华人市场。

台湾当局积极推动技术辅导、营销推广及人才培训等政策措施，推动台湾信息服务产业之发展，全方位提升信息服务业发展能量，促使台湾成为全球特定领域信息服务的主要供应者。

在两岸签署《海峡两岸经济合作框架协议》（ECFA）后，信息服务产业被列入 ECFA 早收清单中，有助台湾持续扮演全球国际企业运筹大陆市场门户地位之角色与岛内企业全球布局，协助台湾信息服务业者借助两岸产业合作，拓展大陆及全球市场。

台湾拥有信息产业聚落的竞争优势，除具规模的硬件及软件厂商聚落，可协助大厂加速与各厂商共同研发和测试产品平台外，亦具备完整的 IT 硬件及计算机产业供应链。厂商普遍具备深厚的制造经验与技术，可合作设立以"产品开发应用"为主的研发中心。

台湾是全球最大的资通信硬件生产地且网络普及，特定产业领域知识（例如制造、医疗、金融、物流等）居世界或区域领先地位，可与信息科技能量结合提供信息服务，专精领域之软件技术已属成熟。

二、ICT 企业与产值

根据台湾经济主管部门 2009～2010 年度服务业经营活动调查研究报告，信息服务业主要以股份有限公司、有限公司和独资公司为主，2010 年分别有2981 家、4162 家与 1686 家，各占全部信息服务业家数的 32.03%、44.72% 与18.12%。2010 年信息服务业资本额介于新台币 100 万～500 万元之厂商家数最多，占全部信息服务业家数的 32.69%，但其营业总额仅占全部信息服务业营业额的 7.93%；资本额在新台币 2 亿元以上者占全部信息服务业家数的 1.50%，但其营业总额却高达新台币 1190 亿元，占全部信息服务业营业额的 40.06%，显示出台湾的信息服务业者多为中小企业。根据有关方面发布的《科技化服务趋势下资服业发展契机调查报告》，超过 3/4 的信息服务业者员工人数不到 50人，显示了台湾信息服务业者员工数普遍偏少、资本规模也较小之特性。

1998 年台湾有关方面通过信息服务产业上市上柜办法，截至 2012 年 8 月，台湾主要上市、上柜的信息服务业厂商共 44 家，其中上市 12 家、上柜 32 家。2011 年整体信息服务业平均资本额为新台币 7.03 亿元，合计新台币 309 亿元，产出新台币 1063 亿元营业额。依营收数据分析，前五大服务业者排名顺序为网络家庭、精诚、智冠、游戏橘子及骅宏资，规模达新台币 507 亿元，占总产值的 47.69%。

‖ 比较篇

第五章　两岸电子信息产业的规模与体系比较

20 世纪 80 年代以来，伴随着计算机技术和通信技术的日臻完善，电子信息产业开始成为全球发展最为迅猛的一个高科技产业。在这一发展大势中，台湾电子信息产业紧随潮流，迅速成长为主导产业，并在亚洲乃至全球电子信息产业链中扮演着重要角色；大陆电子信息产业虽起步较晚，但发展过程中"后发优势"十分明显，也已成长为国民经济的战略性、基础性和先导性支柱产业。目前，电子信息产业在两岸各自经济发展和两岸经贸交流中占有举足轻重的地位。鉴于此，本章将从产业规模、产业结构和产业体系三个层面对两岸电子信息产业作比较研究，以期从整体上把握两岸电子信息产业发展的异同。

第一节　两岸电子信息产业规模比较

电子信息产业的发展具有很强的规模经济效应，能否实现规模的持续扩张是衡量电子信息产业竞争力的关键。本节将从产值、从业人员、进出口、研发投入四个方面，对两岸电子信息产业的规模作全面比较。

一、产值规模

大陆电子信息产业起步于 20 世纪 90 年代，进入 21 世纪以来保持了持续快速发展的态势，产业规模迅速壮大。表 5-1 显示，2001 年至 2011 年间，大陆电子信息产业产值规模从 1526.6 亿美元增加至 14516.3 亿美元，总体规模 10 年扩大将近 10 倍。其中，规模以上制造业产值规模从 1435.9 亿美元增加至 11598.0 亿美元，软件业产值规模从 90.7 亿美元增加至 2918.3 亿美元。根据《2012 年电子信息产业统计公报》，2012 年大陆电子信息产业主营业务收入更是突破 10 万亿元大关，达到 109641 亿元，折合 17368.9 亿美元。其中，规模以上制造业实现收入 84619 亿元，折合 13405 亿美元；软件业实现收入 25022 亿元，折合 3963.9 亿美元。

表 5-1　主要年份两岸电子信息产业产值规模比较　（单位：亿美元）

项目 年份	大陆电子信息产业主营业务收入			台湾电子信息产业生产总额		
	制造业	软件业	合计	制造业	服务业	合计
2001	1435.9	90.7	1526.6	753.1	148.6	901.7
2006	4870.5	602.2	5472.8	1399.6	168.6	1568.1
2011	11598.0	2918.3	14516.3	1807.5	213.1	2020.5
2012	13405.0	3963.9	17368.9	——	——	——

资料来源：大陆数据来自《2012 中国信息产业年鉴》和《2012 年电子信息产业统计公报》，并根据当年人民币兑美元平均汇率中间价转为美元；台湾数据根据台湾 2001、2006 和 2011 年度《工商及服务业普查初步结果统计表》中相关项目整理得出，并根据当年新台币兑美元平均汇率中间价转为美元。

与大陆相比，台湾电子信息产业起步较早，但进入 21 世纪尤其是 2006 年以来发展速度相对较缓。表 5-1 显示，2001 年至 2011 年间，台湾电子信息产业生产总额从 901.7 亿美元增加至 2020.5 亿美元，总体规模 10 年仅实现翻倍。其中，电子信息制造业生产额从 753.1 亿美元增加至 1807.5 亿美元，服务业生产额从 148.6 亿美元增加至 213.1 亿美元。

显然，由于大陆拥有资源和巨大的市场优势，电子信息产业在整体规模上相对于台湾已经遥遥领先，且差距呈扩大之势。但从电子信息产业的相对规模，即从电子信息产业在全部产业中所占比重看，台湾电子信息产业的相对规模又远领先于大陆。以 2011 年电子信息制造业产值占全部工业总产值比重为例，大陆为 9.13%，台湾则为 27.18%。这说明了与台湾电子信息产业相比，大陆电子信息产业"大而不强"，整体发展水平仍处于相对落后状态。

二、从业人员规模

大陆电子信息产值规模快速扩张的同时，从业人员数量也有明显增加。如表 5-2 所示，2001 年至 2011 年间，大陆电子信息产业从业人员数量从 331 万人增加至 1284 万人，人员规模扩大将近 4 倍。其中，规模以上制造业从业人员数从 302 万人增加至 940 万人，软件业从业人员数量从 29 万人增加至 344 万人。

表 5-2 主要年份两岸电子信息产业从业人员规模比较（单位：万人）

项目 年份	大陆电子信息产业从业人数			台湾电子信息产业从业人数		
	制造业	软件业	合计	制造业	服务业	合计
2001	302	29	331	52.33	9.84	62.17
2006	626	129	755	74.38	11.99	86.37
2011	940	344	1284	79.13	13.04	92.17
2012	1001	—	—	—	—	—

资料来源：大陆数据来自《2012 中国信息产业年鉴》和《2012 年电子信息产业统计公报》，台湾数据根据台湾 2001、2006 和 2011 年度《工商及服务业普查初步结果统计表》中相关项目整理得出。

同一时期，台湾电子信息产业从业人员数量仅从 62.17 万人增加至 92.17 万人。其中，电子信息制造业从业人员数量从 52.33 万人增加至 79.13 万人，服务业从业人员数量从 9.84 万人增加至 13.04 万人。显然，仅就从业人员绝对数量而言，也可以明显看出大陆在总量规模上的优势。同样，从电子信息产业从业人员的相对规模考察，则可看出台湾电子信息产业的发展水平明显领先于大陆电子信息产业。以 2011 年电子信息制造业从业人员占全部工业从业人员比重为例，大陆为 10.25%，台湾为 23.56%。

三、进出口规模

表 5-3 显示，2012 年，大陆电子信息产品进出口总额为 11868 亿美元，占全部外贸总额的 30.69%。其中出口 6980 亿美元，占全部外贸出口额的 34.07%；进口 4888 亿美元，占全部外贸进口额的 26.88%。从表中还可以看出，2006 年以来，大陆电子信息产品进出口规模尽管在绝对量上仍保持了增长态势，但增速已经相对减缓，具体表现为电子信息产品进出口占全部外贸进出口的比重明显下降，其进口、出口、进出口总额所占比重分别从 2006 年的 36.35%、37.57% 和 37.02%降至 2012 年的 26.88%、34.07% 和 30.69%。

表 5-3 主要年份大陆电子信息产品进出口情况 （单位：亿美元，%）

项目 年份	电子信息产品			全部外贸			电子信息产品占比		
	进口	出口	进出口	进口	出口	进出口	进口	出口	进出口
2001	591	650	1241	2435.5	2661.0	5096.5	24.27	24.43	24.35
2006	2877	3640	6517	7914.6	9689.8	17604.4	36.35	37.57	37.02
2011	4680	6612	11292	17434.8	18983.8	36418.6	26.84	34.83	31.01
2012	4888	6980	11868	18184.1	20487.1	38671.2	26.88	34.07	30.69

资料来源：根据《中国统计年鉴 2013》《2012 中国信息产业年鉴》和《2012 年电子信息产品进出口情况》中相关项目整理计算。

表 5-4 显示，2012 年，台湾电子信息产品进出口总额为 1471.87 亿美元，占全部外贸总额的 25.75%。其中出口 989.01 亿美元，占全部外贸出口额的 32.84%；进口 482.86 亿美元，占全部外贸进口额的 17.85%。从电子信息产品进出口占全部外贸进出口比重看，进口所占比重从 2001 年到 2012 年下降近 10 个百分点；出口所占比重则基本稳定在 33% 左右，整体上呈现轻微下降态势。

表 5-4　主要年份台湾电子信息产品进出口情况　（单位：亿美元，%）

项目 年份	电子信息产品			全部外贸			电子信息产品占比		
	进口	出口	进出口	进口	出口	进出口	进口	出口	进出口
2001	294.10	415.52	709.62	1079.71	1263.14	2342.85	27.24	32.90	30.29
2006	417.31	727.07	1144.38	2026.98	2240.17	4267.15	20.59	32.46	26.82
2011	514.23	1037.18	1551.41	2814.37	3082.57	5896.94	18.27	33.65	26.31
2012	482.86	989.01	1471.87	2704.72	3011.81	5716.53	17.85	32.84	25.75

资料来源：根据《台湾统计年鉴 2012》中相关项目整理计算。

四、研发规模

2011 年，大陆电子信息制造业从事研发活动的人员数为 376272 人，折合全时当量（Full Time Equivalent, FTE）总数为 318018 人年，比 2006 年的 122066 人年增加 195952 人年，总量规模 5 年增加 161%；研发经费投入为 941.05 亿元，比 2006 年的 348.39 亿元增加 592.66 亿元，总量规模 5 年增加 162%，与研发人员投入的增长基本相同。

表 5-5　2006～2011 年大陆电子信息制造业研发投入及其所占比重

（单位：人年，万元，%）

项目 年份	电子信息制造业 研发人员	电子信息制造业 研发经费	全部工业企业 研发人员	全部工业企业 研发经费	人员 占比	经费 占比
2006	122066	3483945	695668	16301909	17.55	21.37
2007	170923	4041328	857650	21124561	19.93	19.13
2008	201456	4808652	1014223	26813110	19.86	17.93
2009	241402	5496059	1306179	32115692	18.48	17.11
2010	278583	6862561	1369908	40153965	20.34	17.09
2011	318018	9410520	1939075	59938055	16.40	15.70

资料来源：根据《2012 中国科技统计年鉴》和相关年份《中国统计年鉴》中相关项目整理。

从电子信息制造业研发投入相对规模，即从投入占全部工业企业研发投入比重看，2011 年电子信息制造业研发人员和研发经费投入所占比重分别为16.40%和15.70%，分别高于电子信息制造业产值比重 7.27 和 6.57 个百分点，高于电子信息制造业从业人员比重 6.15 和 5.45 个百分点，体现了电子信息产业技术含量高从而对研发要求较高的特征。但从变动趋势看，图 5-1 和图 5-2 显示，尽管两者的绝对量保持了逐年稳定增加的态势，但两者所占比重都呈现出下降趋势，意味着近年来大陆电子信息制造业研发投入方面增速相对较缓。

图 5-1　2006～2011 年大陆电子信息制造业研发人员投入及其占工业全部投入比重

资料来源：根据《2012 中国科技统计年鉴》和相关年份《中国统计年鉴》中相关项目整理绘制。

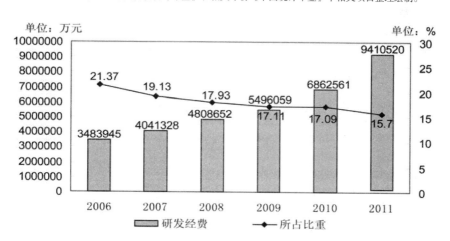

图 5-2　2006～2011 年大陆电子信息制造业研发经费投入及其占工业全部投入比重

资料来源：同图 5-1。

表 5-6 中，截至 2011 年底，台湾从事电子信息产业研发活动的人员数为 128430 人，折合全时当量数为 109256 人年，比 2006 年的 69634 人年增加 39622 人年，总量规模 5 年增加 56.9%。其中，从事电子信息制造业研发人员数为 117585 人，折合全时当量数为 100147 人年，总量规模 5 年增加 60.2%；从事电子信息服务业的研发人员数为 10673 人，折合全时当量数为 8964 人年，总量规模 5 年仅增加 26.0%。

表 5-6 2006～2011 年台湾电子信息产业研发投入情况

项目 年份	研发经费（百万元新台币）			研发人力（人）			研发人力全时当量（人年）		
	合计	制造业	服务业	合计	制造业	服务业	合计	制造业	服务业
2006	148178	138655	9480	83680	74591	9069	69634	62507	7112
2007	165539	156529	8913	92327	83982	8207	78766	71783	6859
2008	180408	169797	10391	99050	89246	9493	85437	77086	8076
2009	189232	178073	10923	107042	96600	10123	91244	82206	8739
2010	207268	195155	11956	118806	108318	10299	101630	92645	8815
2011	222196	209977	12082	128430	117585	10673	109256	100147	8964

资料来源：台湾《科学技术统计要览 2012》，本表中未包含电子信息商品交易业。

从电子信息产业研发投入相对规模看，2011 年台湾电子信息产业研发人员和研发经费投入占全部行业研发人员和研发经费投入比重分别为 68.79% 和 73.98%，分别高于电子信息产业产值比重 41.8 和 46.8 个百分点，高于电子信息产业从业人员比重 45.42 和 50.42 个百分点，充分显示出创新已确实成为台湾电子信息产业发展的核心驱动力。从变动趋势看，图 5-3 和图 5-4 显示，无论人力投入还是经费投入，绝对额与所占比重都呈现出上升态势，这一点与大陆有所不同，显示出台湾电子信息产业对创新资源拥有高度聚集力，也意味着未来台湾在该领域的技术优势可能会得到进一步强化。

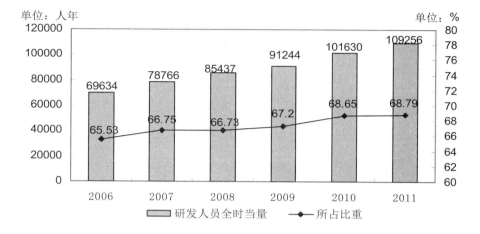

图 5-3 2006~2011 年台湾电子信息产业研发人员投入及其占全部产业投入比重

资料来源：根据台湾《科学技术统计要览 2012》中相关项目整理绘制。

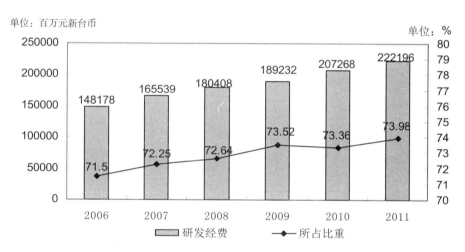

图 5-4 2006~2011 年台湾电子信息产业研发经费投入及其占全部产业投入比重

资料来源：同图 5-3。

五、小结

综上分析，大陆电子信息产业拥有丰富的要素资源和广阔的市场优势，在产值、从业人员、进出口额、研发人员与经费投入等方面的绝对规模都明显大于台湾。2011 年，大陆电子信息产业产值、从业人员、进口额、出口额、研发人员投入、研发经费投入分别为台湾的 7.18 倍、13.93 倍、9.10 倍、6.37 倍、3.17 倍和 2.04 倍。但从相对规模看，台湾电子信息产业产值占全行业产值比重高于大陆 18.05 个百分点，从业人员占全行业从业人员比重高于大陆 13.31 个百分点；尤其是在研发人员与经费投入占全行业投入比重上，台湾电子信息产业更是高于大陆 52.39 和 58.28 个百分点。整体而言，大陆电子信息产业还处于快速成长阶段，发展水平相对较低，增长由要素投入与创新共同驱动；台湾电子信息产业则已基本处于成熟阶段，发展水平相对较高，增长主要由创新驱动。

第二节　两岸电子信息制造业产业结构比较

电子信息制造业是两岸各自发展和彼此合作的重点领域，本节将从产值结构、就业结构和贸易结构三个方面，对两岸电子信息制造业产业结构进行详细比较研究。

一、产值结构

2011 年，大陆电子信息制造业工业总产值 77042.92 亿元，其中电子计算机、电子元件、电子器件和通信设备四个行业销售产值在万亿元以上，分别为21873.75 亿元、13985.39 亿元、12327.56 亿元和 12052.63 亿元（见图 5-5），占全行业销售产值比重依次为 28.4%、18.2%、16.0% 和 15.6%（见图 5-6）。[1]前四大产业销售产值比重合计为 78.2%，占据了明显的主体地位。

---

① 本节所涉及大陆电子信息产业数据均来自《中国信息产业年鉴》编委会编的《2012 中国信息产业年鉴》（电子工业出版社，2012 年 12 月版）。

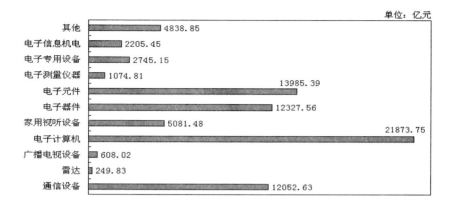

单位：亿元

图 5-5　2011 年大陆电子信息制造业各行业产值情况

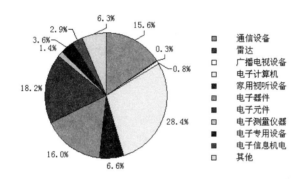

图 5-6　2011 年大陆电子信息制造业各行业产值比重

2011 年，台湾电子信息制造业生产总额为新台币 53013.26 亿元，折合人民币 11045.31 亿元，约为同期大陆产值规模的 1/7。①其中，电子零组件业（包括半导体、被动电子元件、印刷电路板、光电材料及元件和其他电子零组件五类产品）产值为新台币 38708.90 亿元，所占比重为 73.02%；电脑、电子产品及光学制品业（包括产品为图 5-7 中除上述五类外的其余类别）产值为新台币 14304.26 亿元，所占比重为 26.98%。②从其内部细分行业看，半导体、光电材料及元件、电脑及其周边设备和通信传播设备四个行业生产额居前四位，分别为新台币 15018.02 亿元、新台币 14801.19 亿元、新台币 5684.53 亿元和新台币

① 转换采用 2011 年 12 月 31 日新台币兑人民币汇率 0.21481:1，数据源自 http://tw.exchange-rates.org/HistoricalRates/P/TWD/2011-12-31。

② 本节所涉及台湾电子信息产业数据均来自台湾 2011 年度《工商及服务业普查初步结果统计表》。

5188.13亿元（见图5-7），占全行业生产总额比重依次为28.3%、27.9%、10.7%和8.9%（见图5-8），合计75.8%。显然，以半导体和光学材料及元件两类产品为核心的电子零组件业是台湾电子信息制造业的主体。

单位：亿元新台币

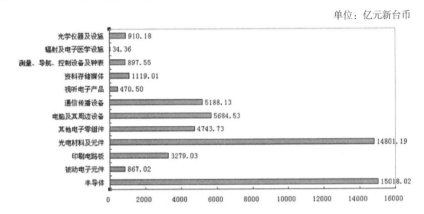

图5-7　2011年台湾电子信息制造业各行业产值情况

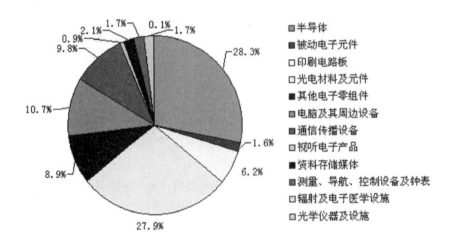

图5-8　2011年台湾电子信息制造业各行业产值比重

为便于比较，对照两岸电子信息制造业行业分类标准，大体上可将两岸电子信息制造业所属细分行业归为五大类别，即电子计算机类、通信设备类、视听电子类、电子元器件类和其他类。表5-7给出了2011年两岸电子信息制造业按这五大类别划分的产值及其比例。

表 5-7　2011 年两岸电子信息制造业产值分大类行业比较

行业大类	大陆		台湾	
	产值（亿元）	比重（%）	产值（亿元新台币）	比重（%）
电子计算机类	21873.75	28.39	5684.53	10.72
通信设备类	12052.63	15.64	5188.13	9.79
视听电子类	5081.48	6.60	470.50	0.89
电子元器件类	26312.95	34.15	38708.99	73.02
其他类	11722.11	15.22	2961.11	5.59

更近一步，为客观衡量两岸电子信息制造业结构的差异程度，这里定义两岸电子信息产业结构相异系数这一指标，其计算公式如下：

$$D_{mt} = 1/2 \sum_{j=1}^{n} \left| \frac{ICT_{mj}}{ICT_m} - \frac{ICT_{tj}}{ICT_t} \right|$$

其中，D_{mt} 为两岸电子信息制造业产值结构相异系数，ICT_{mj} 和 ICT_{tj} 分别代表大陆和台湾电子信息制造业内部 j 类细分产业的产值，ICT_m 和 ICT_t 分别代表大陆和台湾电子信息制造业的全部产值。D_{mt} 取值范围为 0 到 1，其数值越大，则两岸电子信息制造业产值结构差异越大。按照这种方法，利用表 5-7 中数据，可以计算出 2011 年两岸电子信息制造业产值结构的差异系数为 0.3887，明显高于当年两岸三大产业结构差异系数 0.2541 和两岸制造业结构差异系数 0.1261。[①]一方面，这体现出台湾电子信息制造业的高度集中性，将近 3/4 的产值集中在电子元器件（电子零组件）业，而大陆电子信息制造业则相对比较分散，电子元器件业仅集中了 1/3 强的产值；另一方面，这意味着两岸电子信息制造业的发展具有高度的互补性。

二、就业结构

2011 年，大陆电子信息制造业全部从业人员平均人数为 939.98 万人，其中电子元件、电子计算机、电子器件和通信设备四个行业从业人员数排前四位，分别为 283.21 万人、190.03 万人、153.65 万人和 116.22 万人（见图 5-9），占

---

① 2011 年两岸三大产业结构差异系数和两岸制造业结构差异系数的计算参见：李保明，周小柯. 两岸产业结构比较分析：1994～2012. 台湾研究，2013 年第 6 期。

全部从业人员比重依次为 30.1%、20.2%、16.3% 和 12.4%（见图 5-10），前四位产业从业人员占比合计为 79.0%。

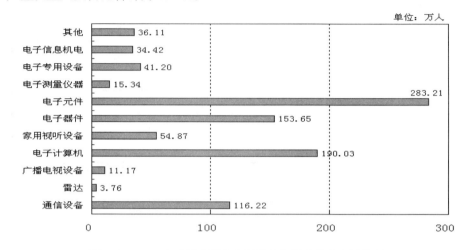

图 5-9　2011 年大陆电子信息制造业各行业从业人员情况

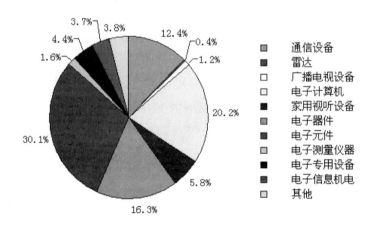

图 5-10　2011 年大陆电子信息制造业各行业从业人员比重

　　2011 年，台湾电子信息制造业年底全部从业人员数为 79.13 万人，其中半导体、光电材料及元件、电脑及其周边设备和印刷电路板四个行业从业人员数排前四位，分别为 21.89 万人、14.73 万人、9.09 万人和 8.71 万人（见图 5-11），占全部从业人员比重依次为 27.7%、18.6%、11.5% 和 11.0%（见图 5-12），前四位产业从业人员占比合计为 68.8%。

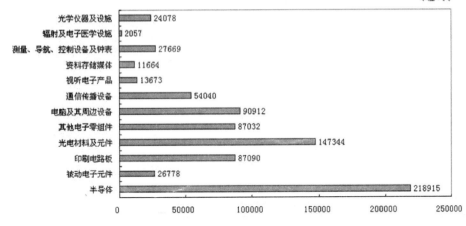

图 5-11　2011 年台湾电子信息制造业各行业从业人员情况

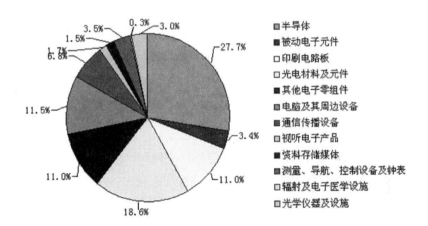

图 5-12　2011 年台湾电子信息制造业各行业从业人员比重

　　同样也可以分别将大陆和台湾电子信息制造业从业人员按电子计算机类、通信设备类、视听电子类、电子元器件类和其他类五大类别进行分类，各类从业人数及其所占比重见表 5-8。按照与上文相同的方法，可以定义两岸电子信息制造业从业人员结构的差异系数，并利用表 5-8 中数据计算出 2011 年两岸电子信息制造业从业人员结构差异系数为 0.2520。该值明显小于产值结构差异系数 0.3887，意味着两岸电子信息制造业在生产技术上有较大差距，从而使得产出上的差异程度大于投入上的差异程度。

表 5-8　2011 年两岸电子信息制造业从业人员分大类行业比较

行业大类	大陆		台湾	
	人数（万人）	比重（%）	人数（万人）	比重（%）
电子计算机类	190.03	20.22	9.09	11.49
通信设备类	116.22	12.36	5.40	6.82
视听电子类	54.87	5.84	1.37	1.73
电子元器件类	436.86	46.48	56.72	71.68
其他类	142.0	15.11	6.55	8.28

三、贸易结构

2012 年，大陆电子信息产品进出口总额 11868 亿美元，其中进口 4888 亿美元，出口 6980 亿美元。从进口产品内部结构看（见图 5-13），电子器件、电子元件和电子计算机产品占据主要地位，全年进口额分别为 2190 亿美元、941 亿美元和 665 亿美元，占进口总额比重依次为 44.8%、19.3% 和 13.6%，三者合计占 77.7%；通信设备进口额为 403 亿美元，所占比重为 8.2%；家用视听设备进口额为 105 亿美元，所占比重为 2.1%；其他产品进口额合计 584 亿美元，所占比重为 11.9%。从出口产品内部结构看（见图 5-14），电子计算机和通信设备产品占据主要地位，全年出口额分别为 2382 亿美元和 1493 亿美元，所占比重依次为 34.1% 和 21.4%；电子元件、电子器件和家用视听设备三类产品全年出口额基本相当，分别为 906 亿美元、891 亿美元和 857 亿美元，所占比重依次为 13.0%、12.8% 和 12.3%；其他产品出口额合计 451 亿美元，所占比重为 6.5%。出口额排前五位的产品依次是：笔记本电脑，出口额 1138 亿美元，同比增长 7.5%；手机，出口额 810 亿美元，同比增长 29.1%；集成电路，出口额 534 亿美元，同比增长 64.1%；液晶显示板，出口额 363 亿美元，同比增长 22.9%；手持式无线电话用零件，出口额 287 亿美元，同比增长 2.8%。对比可知，电子计算机、通信设备和家用视听设备为大陆电子信息产品贸易顺差来源行业，净出口额分别为 1717 亿美元、1080 亿美元和 752 亿美元；电子器件、电子元件及其余行业为贸易逆差行业，净进口额分别为 1299 亿美元、35 亿美元和 153 亿美元。

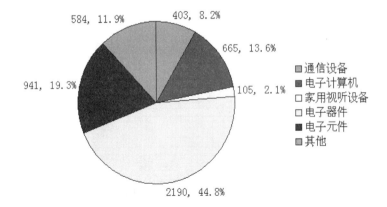

图 5-13　2012 年大陆电子信息产品进口行业结构（单位：亿美元）

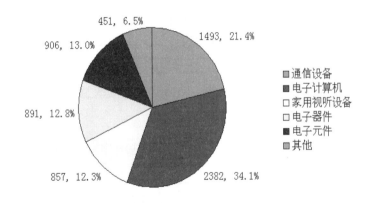

图 5-14　2012 年大陆电子信息产品出口行业结构（单位：亿美元）

从贸易方式结构看，进口方面，2012 年电子信息产品一般贸易进口 1034 亿美元，进料加工贸易进口 2224 亿美元，来料加工贸易进口 356 亿美元，所占比重分别为 21.15%、45.50% 和 7.28%；出口方面，一般贸易出口 1229 亿美元，进料加工贸易出口 4565 亿美元，来料加工贸易出口 400 亿美元，所占比重分别为 17.61%、65.40% 和 5.73%。显然，进料加工贸易目前仍是大陆对外贸易的主要方式。具体如表 5-9 所示。

表 5-9 2012 年大陆电子信息产品贸易方式结构

贸易方式	进口		出口	
	金额（亿美元）	比重（%）	金额（亿美元）	比重（%）
一般贸易	1034	21.15	1229	17.61
进料加工贸易	2224	45.50	4565	65.40
来料加工贸易	356	7.28	400	5.73
其他	1274	26.06	786	11.26

资料来源：根据工信部运行监测协调局发布的《2012 年电子信息产品进出口情况》中相关数据整理。

表 5-10 显示，2010 年，台湾电子信息产品进出口总额为 1108.84 亿美元，其中进口 250.69 亿美元，出口 858.15 亿美元。[①]从进口产品内部结构看，电子元器件和电子数据处理设备占据主要地位，全年进口额分别为 107.77 亿美元和 72.34 亿美元，占进口总额比重分别为 42.99%和 28.86%，两者合计占 71.85%。从出口产品内部结构看，电子元器件类更是占据绝对主体地位，全年出口额为 615.59 亿美元，占出口总额比重为 71.73%；无线通信与雷达设备出口额为 99.98 亿美元，所占比重为 11.65%，居第二位。对比可知，电子元器件类产品为台湾电子信息产品贸易顺差最大来源行业，2010 年顺差额达 507.82 亿美元，占全部电子信息产品顺差额的 83.6%。

表 5-10 2010 年台湾电子信息产品进出口行业分布情况

行业名称	进口		出口	
	金额（百万美元）	比重（%）	金额（百万美元）	比重（%）
电子数据处理设备	7234	28.86	3763	4.39
办公设备	47	0.19	8	0.01
控制与仪器设备	2072	8.27	756	0.88
医疗与工业设备	640	2.55	6110	7.12
无线通信与雷达设备	2340	9.33	9998	11.65
电信设备	1053	4.20	1645	1.92
消费类电子产品	906	3.61	1976	2.30
电子元器件	10777	42.99	61559	71.73
总计	25069	100.0	85815	100.0

资料来源：转自《2012 中国信息产业年鉴》，原始资料来源于 "The Yearbook of World Electronics Data 2012"。

---

① 由于台湾相关统计年鉴中无电子信息产品按细分行业进出口统计数据，故这里使用《世界电子年鉴 2012》中的进出口数据，最近为 2010 年度。

四、小结

综上分析，大陆电子信息制造业集中度相对较低，规模最大的电子元器件类产品集中了 34.15% 的产值和 46.48% 的从业人员，在全部进口和出口电子信息产品中所占比重分别为 64.1% 和 25.8%；规模第二的电子计算机类产品集中了 28.39% 的产值和 20.22% 的从业人员，在全部进口和出口电子信息产品中所占比重分别为 13.6% 和 34.1%；规模第三的通信设备类产品集中了 15.64% 的产值和 12.36% 的从业人员，在全部进口和出口电子信息产品中所占比重分别为 8.2% 和 21.4%。台湾电子信息制造业则高度集中，规模最大的电子元器件类产品集中了 73.02% 的产值和 71.68% 的从业人员，在全部进口和出口电子信息产品中所占比重分别为 42.99% 和 71.73%。

两岸电子信息制造业结构具有很强的互补性。台湾优势在电子元器件类产品，且通过台商进入大陆投资和贸易与大陆形成了价值链上的分工，台湾专注于高附加值部分，低附加值部分则转移到大陆。大陆的优势在电子计算机和通信设备类产品，且主要为整机组装制造；在电子元器件类产品方面，大陆虽已具有一定生产规模，但仍处于劳动密集型的低端环节，而且对进口高度依赖。

第三节　两岸电子信息产业体系的差异

进入 21 世纪以来，台湾电子信息产业进入低速增长期，而大陆电子信息产业仍保持了持续快速增长态势，两岸电子信息产业的发展差距大大缩小。但由于在要素禀赋、技术水平以及市场环境等方面仍存在显著差异，两岸电子信息产业体系的特征显著不同，在产业价值链中所处位置也存在明显差异。

一、产业体系特征的差异

大陆电子信息产业体系的最大特征是"大而全"，主要表现为产业门类齐全，但产品国际竞争力还不很强。改革开放以来，在资本稀缺和技术水平低的初始条件下，依托丰富的劳动力资源，大陆电子信息产业从"军转民"和承接发达国家或地区电子信息产业劳动密集型部分入手，奠定了产业发展基础。1998 年电子信息产业部成立，尤其是 2002 年党的十六大提出"以信息化带动工业化，以工业化促进信息化"和"优先发展信息产业，大力推广信息技术应用，走新型工业化道路"的战略方针以来，大陆电子信息产业进入蓬勃发展新时期。

经过多年的建设和发展，大陆已形成了涵盖通信、计算机、软件、信息服务等领域较为完善的信息产业体系。[1]产业门类齐全，依据《电子信息产业行业分类注释（2005～2006）》，包括雷达工业、通信设备工业、广播电视设备工业、电子计算机工业、家用视听设备工业、电子测量仪器工业、电子工业专用设备工业、电子元件工业、电子器件工业、电子信息机电产品工业、电子信息产品专用材料工业以及软件产业 12 大行业，共计 46 个细分门类，其中含制造业 43 个细分门类和软件业 3 个细分门类。从主要产品看，大陆电子信息产业既包括整机生产，又涉及部分零部件的加工制造。2012 年，手机、计算机、彩电等主要整机产品产量分别达到 11.8 亿部、3.5 亿台和 1.3 亿台，占全球出货量的比重均超过 50%；以集成电路为代表的零组件产品产量更是高达 823.1 亿块。[2]

相比大陆门类齐全的电子信息产业体系，台湾电子信息产业体系"小而精"。从涵盖范围看，台湾电子信息产业体系较窄，电子信息制造业、商品交易业和服务业三个大类合计包括 29 个细分门类。核心的电子信息制造业仅包括电子零组件制造以及电脑、电子产品及光学制品 2 大行业，下面有 18 个细分产业门类。表 5-11 给出了两岸电子信息制造业所属细分产业门类，对比可以发现，台湾电子信息制造业涉及的范围比大陆明显小。基本上，台湾电子信息产业乃是以个人电脑为核心的上下游供应链。[3]尽管台湾电子信息产业门类较小，但从技术水平看，台湾电子信息产业效率却明显优于大陆。以劳动生产率为例，2011 年大陆电子信息产业人均产出为 11.31 万美元，台湾电子信息产业人均产出为 21.92 万美元，台湾为大陆的 1.94 倍。其中，大陆和台湾电子信息制造业人均产出分别为 12.34 万美元和 22.84 万美元，台湾为大陆的 1.85 倍。

---

① 苗圩. 建设现代信息技术产业体系. 求是，2012 年第 23 期.
② 相关数据源自工业和信息化部运行监测协调局发布的《2012 年电子信息产业统计公报》.
③ 社论：台湾资讯电子产业亟需转型. 台湾《经济日报》，2013-10-18.

表 5-11　两岸电子信息制造业行业门类比较

大陆电子信息制造业	台湾电子信息制造业
雷达及配套设备制造	
雷达整机制造；雷达专用配套设备及其他制造	—
通信设备制造	
通信传输设备制造；通信交换设备制造；通信终端设备制造；移动通信设备制造；其他通信设备制造	电话及手机制造；其他通信设备制造
广播电视设备制造	
广播电视节目制作及发射设备制造；广播电视接收设备器材制造；应用电视及其他广播电视设备制造	—
电子计算机制造	
电子计算机整机制造；计算机网络设备制造；电子计算机外部设备制造；电子计算机配套服务及耗材制造；计算机应用产品制造	电脑制造业；显示器及终端机制造；其他电脑周边设备制造；资料储存媒体制造
家用视听设备制造	
电视机制造；摄像、录像、激光视盘机制造；家用音响电器设备制造；其他家用电子电器制造	视听电子产品制造
电子测量仪器制造	
电子测量仪器制造；医疗电子仪器及设备制造；汽车电子仪器制造；应用电子仪器制造	—
电子工业专用设备制造	
电子工业专用设备制造；电子工业模具及齿轮制造；其他电子设备制造	—
电子元件制造	
电子元件及组件制造；电子印制电路板制造；敏感元件及传感器制造；电子塑料零件制造	分离式元件制造；被动电子元件制造；印刷电路板制造；印刷电路板组件制造；未分类其他电子零组件制造
电子器件制造	
真空电子器件制造；光电子器件及其他电子器件制造；半导体分立器件制造；集成电路制造	发光二极管制造；液晶面板及其组件制造；半导体封装及测试；集成电路制造
电子信息机电产品制造	
电子微电机制造；电子电线电缆制造；光纤、电缆制造；电池制造	太阳能电池制造
电子信息专用材料制造	
电子元件材料制造；真空电子器件材料制造；半导体材料制造；信息化学材料制造	其他光电材料及元件制造

资料来源：根据大陆和台湾电子信息产业分类相关资料整理。"—"表示无对应项目。当然，由于两岸统计口径不同，表中的对应并非完全对应。

二、产业链分工上的差异

两岸电子信息产业各自的发展过程，也是彼此交流合作和共同参与全球分工、融入全球价值链的过程。鉴于"国际分工和贸易是一个过程不可分割的两个方面"[①]这一事实，这里将采用理论界常用的 Greenaway，Hine 和 Milner 提出的方法（GHM 方法）测度两岸电子产品的贸易类型，以此间接衡量两岸电子产品在产业链上所处位置的差异。由于贸易数据一般按商品名称和编码协调制度（The Harmonized Commodity Description and Coding System，简称 HS）分类统计，这里对电子产品范围的选取参照段小梅（2010）的研究[②]，即包含 HS84（核子反应器、锅炉、机器及机械用具及其零件）、HS85（电机与设备及其零件；录音机及声音重放机；电视影像、声音记录机及重放机；以及上述各物之零件及附件）和 HS90（光学、照相、电影、计量、检查、精密、内科或外科仪器及器具；钟表；乐器；上述物品之零件及附件）三类贸易品。

根据 Greenaway 等（1995）用单位价值衡量产业内贸易类型的方法[③]，$GHM_i = UV_{ik}^x / UV_{ik}^m$，其中 UV^x 为出口商品单价，UV^m 为进口商品单价，i 表示某产业，k 表示贸易伙伴。α 是离散因子，一般取值为 0.15 或 0.25。GHM 指数具体判定标准为：若 $1-\alpha \leqslant GHM_i \leqslant 1+\alpha$，则 i 产业属于水平型产业内贸易；若 $GHM_i > 1+\alpha$，则 i 产业属于高质量垂直型产业内贸易；若 $GHM_i < 1-\alpha$，则 i 产业属于低质量垂直型产业内贸易。按离散因子 α =0.25 取值，其中 GHM >1.25 表示台湾占据优势地位的垂直分工，0.75 $\leqslant$ GHM $\leqslant$ 1.25 表示水平分工，GHM < 0.75 表示大陆占据优势地位的垂直分工。GHM 值越大，显示两岸产业分工中台湾在价值链分工中占据位置越高端。

表 5-12 给出了 2004～2012 年两岸电子产品分工的类型，可以看出，除 2004 年 HS84 表现为水平分工外，其余均表现为台湾处于产业价值链相对高端的垂直分工。尤其是 HS84，呈现出明显的上升之势，表明台湾在这一领域优势地位的加强；相反，在 HS90 领域，台湾所拥有的优势已经大大弱化；而在 HS85 领域，台湾方面拥有的优势一直很强且较为稳定。整体而言，在两岸电子信息

---

① 卢锋. 产品内分工. 经济学（季刊），2004 年 10 月刊.

② 段小梅. 两岸电子产品产业内贸易与产业分工. 世界经济与政治论坛，2010 年第 5 期.

③ Greenaway, D., R.Hine, and C. Milner, "Vertical and Horizontal Intra-Industry Trade: A Cross Industry Analysis for the United Kingdom", The Economic Journal, Vol.105, No.433: 1505-1518.

产业分工体系中，高技术、高附加值的环节仍在台湾。

表 5-12 2004~2012 年两岸电子产品分工类型

年份	HS84		HS85		HS90	
	GHM 指数	分工类型	GHM 指数	分工类型	GHM 指数	分工类型
2004	1.120	H	2.774	V_T	4.671	V_T
2005	1.268	V_T	2.730	V_T	4.401	V_T
2006	1.452	V_T	2.628	V_T	3.601	V_T
2007	1.267	V_T	2.693	V_T	2.800	V_T
2008	1.431	V_T	2.897	V_T	2.333	V_T
2009	1.270	V_T	2.375	V_T	1.962	V_T
2010	1.414	V_T	2.347	V_T	1.823	V_T
2011	1.431	V_T	2.718	V_T	1.383	V_T
2012	1.442	V_T	2.763	V_T	1.473	V_T

备注：H 表示水平分工，V_T 表示台湾占据价值链高端的垂直分工。

三、小结

综上分析，大陆电子信息产业形成了"大而全"的产业体系，台湾电子信息产业则形成了"小而精"的产业体系。在彼此交流合作和共同参与全球产业分工过程中，两岸电子信息产业形成了台湾占据产业链相对高端环节的垂直分工。展望未来，面临发展日新月异和竞争日趋激烈的全球电子信息产业市场，大陆电子信息产业应以推动产业体系由"大而全"向"大而强"转变为主题，台湾则可继续在深化"小而精"上做文章。同时，为通过深化合作提升两岸电子信息产业的国际竞争力，两岸应以资本、技术和人员为纽带，以增强研发创新能力和共同拓展国际市场为核心，推动两岸电子信息产业合作走向纵深。

第六章　两岸电子信息制造业研发效率评价及影响因素分析*

创新是企业生存和发展的灵魂，对以知识和技术密集为内在特征的电子信息产业而言，创新的重要性更是不言而喻。目前，台湾电子信息产业国际竞争力虽相比大陆更胜一筹，但两岸电子信息产业在全球生产网络及价值链中所处的地位都相对较低，从根本上扭转这一局面的关键在于拥有可持续突破核心技术的一流创新能力。本章将对两岸电子信息制造业的研发效率及其影响因素进行实证研究，分析两岸各自的优势与不足，以期推动两岸电子信息产业进行更深层次的研发合作，并探索走出一条协同创新的发展道路。

第一节　两岸电子信息产业研发效率评价

效率评价使用的方法主要有模糊综合评价法、层次分析法、未确知测度法、灰色关联度法等。这些方法往往仅从投入或产出的单一角度进行评价，而且主观性较强。以效率研究中常用的随机前沿分析（Stochastic Frontier Analysis，SFA）方法为例，它对多产出的情况只能分别进行处理，然后进行汇总分析。而数据包络分析（Data Envelopment Analysis，DEA）方法在处理多输入、多输出问题上，具有特别优势且具有较强的客观性。本节将利用 DEA 方法对两岸电子信息产业的研发效率进行评价，并对两者的差异进行比较分析。

---

* 本章主要内容已发表在《亚太经济》2014 年第 5 期。

一、研究方法

（一）效率评价的 DEA 方法

DEA 是一种利用非参数方法在多投入多产出情况下测算决策单元（Design Making Unit，DMU）相对效率的评估方法，它不考虑 DMU 的生产技术，直接利用 DMU 的投入产出数据和数学规划方法，构建出一个包含若干个 DMU 的处于相对有效前沿的效率面，然后计算出某个给定 DMU 相对于那些处于效率面的 DMU 的效率水平。

该模型（简称为 CCR 模型）最早的形式由 Charnes 等人（1978）提出，但该模型只能处理具有不变规模报酬特征的 DMU 的效率评估问题。对此，Banker 等人（1984）开发了 BCC 模型，使 DEA 方法可用于分析可变规模报酬的生产技术。该模型在 CCR 模型得出的技术效率的基础上，推导出纯技术效率和规模效率。即把技术效率（TE）分解为纯技术效率（PTE）和规模效率（SE），并且 TE =PTE×SE。对于任一决策单元 DMU_o，其对偶形式的 BCC 模型（投入导向）可表示为：

$$\min[\delta_o - \varepsilon(e^t s^- + e^t s^+)]$$

$$s.t. \begin{cases} \sum_i^n \lambda_i y_{ir} - s^+ = y_{or} \\ \sum_i^n \lambda_i x_{ij} + s^- = \delta_o x_{oj} \\ \lambda_i \geq 0; \quad s^+ \geq 0; \quad s^- \geq 0; \sum \lambda_i = 1 \\ i = 1, 2, \cdots, n; \, j = 1, 2, \cdots, m; \, r = 1, 2, \cdots, s \end{cases} \quad (6.1)$$

式中：n 为决策单元的个数，m 和 s 分别为输入与输出变量的个数，x_{ij}（j = 1，…，m）为投入要素，y_{ir}（r=1，…，s）为产出要素，s^- 和 s^+ 分别表示投入项的差额变量和产出项的超额变量，δ_o 为决策单元 DMU_o 的有效值。若 $\delta_o=1$，且 $s^+=s^-=0$，则决策单元 DEA 有效；若 $\delta_o=1$，且 $s^+\neq0$ 或 $s^-\neq0$，则决策单元为弱 DEA 有效；若 $\delta_o<1$，则决策单元 DEA 非有效。

尽管 Banker 等人（1984）扩展后的 BCC 模型能够区分 DMU 的纯技术效率和规模效率，但样本总体只是被简单地划归为两组：一组是处于效率前沿面的 DMU，其效率得分均为 1；另一组则是得分小于 1 的无效率的 DMU。而现实当中，决策者的目的不仅是为了区分有效和无效的 DMU，更是为了对所有的 DMU 进行排序，但 BCC 模型并不能区分出已经处于效率前沿面的 DMU 的相对效率水平。对此，Banker 和 Gifford（1988）以及 Banker 等人（1989）提出，在将有效 DMU 从效率前沿面分离出去的基础上构建 BCC 超效率模型。这一方法最终在 Andersen 和 Petersen（1993）的努力下日臻成熟。该方法认为对于任一决策单元 DMU$_o$，其对偶形式的 BCC 超效率模型（投入导向）可表示成如下形式：

$$\min \delta_o^{super}$$

$$s.t. \begin{cases} \sum_{i \neq o}^{n} \lambda_i y_{ir} \geqslant y_{or}; \quad \forall r \\ \sum_{i \neq o}^{n} \lambda_i x_{ij} \leqslant \delta_o x_{oj}; \quad \forall j \\ \lambda_i \geqslant 0; \quad \sum_{i \neq o}^{n} \lambda_i = 1 \\ i = 1, 2, \cdots, n; j = 1, 2, \cdots, m; r = 1, 2, \cdots, s \end{cases} \quad （6.2）$$

式中：n 表示决策单元的个数，x_{ij}（j = 1，…，m）为投入要素，y_{ir}（r=1，…，s）为产出要素，m 和 s 分别为输入与输出变量的个数，δ_o 为决策单元 DMU$_o$ 的有效值。与传统 BCC 模型的区别在于，式（6.1）在对 DMU$_o$ 进行评价时，其自身 DMU$_o$ 的投入和产出是包括在内的，而式（6.2）将 DMU$_o$ 的投入和产出排除在外，改由其他 DMU 的投入和产出的线性组合代替。一个有效的 DMU 可以使其投入按比率增加，而其技术效率保持不变，其投入增加比率即所谓超效率评价值。因此，在 BCC 超效率模型中，对于无效率的 DMU，其效率值与传统 BCC 模型一致；而对于有效率的 DMU，它在整个样本集合中仍能保持相对有效（即效率值仍能维持在不低于 1 的水平）。

（二）曼奎斯特生产力指数

为客观衡量技术效率变动、技术变动与全要素生产率之间的关系，本节还将使用 Färe 等人（1992）定义的曼奎斯特（Malmquist）生产力指数，也就是 Caves 等人（1982）所提出的第 t 期及 t+1 期的曼奎斯特生产力指数的几何平均数，具体表示如式（6.3）：

$$M_0(x_t, y_t, x_{t+1}, y_{t+1}) = \frac{s_0^t(x_t, y_t)}{s_0^t(x_{t+1}, y_{t+1})} \times \frac{D_0^t(x_{t+1}, y_{t+1} \mid VRS)}{D_0^t(x_t, y_t \mid VRS)} \times \left[\frac{D_0^t(x_{t+1}, y_{t+1})}{D_0^{t+1}(x_{t+1}, y_{t+1})} \times \frac{D_0^t(x_t, y_t)}{D_0^{t+1}(x_t, y_t)} \right]^{1/2}$$

$$（6.3）$$

根据式（6.3），全要素生产率（TFP）的变化就分解为规模效率变化、纯技术效率变化以及技术变化。规模效率大于 1 意味着改变了要素投入，提高了规模效率；纯技术效率大于 1 意味着管理改善使效率发生了改进；技术变化大于

1 意味着技术在考察的年份实现了跨越，即实现了技术进步；全要素生产率的变化大于 1 意味着生产力有所改善。反之，上述指标值小于 1，则表明相应效率恶化。

二、变量选取、数据来源及处理

基于 DEA 方法对两岸电子信息产业的研发效率进行测评，首先需要选取有关投入和产出的指标变量。借鉴现有文献有关效率评价研究中常用的投入产出指标变量，同时考虑相关指标数据的可获得性，本节选取两个最基本的投入要素：研发人员全时当量（人年），即参与研发工作的全时人员（全年从事研发活动累积工作时间占全部工作时间的 90%及以上人员）加非全时人员按工作量折算为全时人员的总数；研发经费支出，指调查单位在报告年度内用于内部开展研发活动的实际支出。用这两个变量分别代表劳动投入和资本投入，不考虑中间投入项。选取两个产出要素作为产出指标：专利申请数（件），即特定年度内各类专利申请主体向专利授权机构正式提交专利申请的件数，包括发明、实用新型和外观三种类别；有效发明专利数（件），即已获授权且在法定保护年限内的发明专利数量。

考虑到 DMU 个数过少会影响 DEA 效率分析的准确性[①]，大陆电子信息制造业的上述指标数据将采用分省数据而非整体数据，时间跨度为 2003～2011 年度，原始数据来自相关年份《中国高技术产业统计年鉴》，由电子及通信设备制造业和电子计算机及办公设备制造业两部分加总组成。其中，办公设备制造业不属于电子信息制造业的范畴，但由于分省数据中该部分没有单独列出，无法将其剔除，故仍包含在内，这样会使采用的数据略高于实际情况；不过办公设备制造业从量上所占比重甚小（以 2011 年为例，办公设备制造研发人员全时当量和研发经费投入分别为 3293 人年和 74930 万元，同期包括电子及通信设备制造业和电子计算机及办公设备制造业两部分在内的电子信息制造业研发人员全时当量和研发经费投入分别为 321310 人年和 9485450 万元，前者所占比重分别仅为 1.02%和 0.79%），对结果的影响基本可以忽略不计。[②]为了避免极端情

[①] DMU 个数一般应大于产出变量数与投入变量数之和的 2 倍。

[②] 根据计算，《中国高技术产业统计年鉴》中电子及通信设备制造业和电子计算机及办公设备制造业两部分数据加总后减去办公设备制造业部分，恰好等于《中国统计年鉴》中按行业分"通信设备、计算机及其他电子设备制造业"规模以上工业企业的对应指标统计值，说明两种统计口径是一致的。

形对结果的影响，本节还剔除了所选指标存在 0 值的省份，考察期内共筛选出 14 个数据合格省份，分别为北京、天津、辽宁、上海、江苏、浙江、安徽、福建、山东、河南、湖南、广东、四川和陕西。这 14 个省份从空间上涵盖了我国东北、华北、华东、华中、华南、西北、西南等区域，且集聚了大陆电子信息制造业总量的 90% 以上（仍以 2011 年为例，14 省份电子信息制造业从业人数、产值、资产占大陆电子信息制造业总体的比重分别为 93.18%、94.52% 和 93.88%；14 省份电子信息制造业研发人员全时当量和研发经费支出所占比重分别为 94.65% 和 94.94%），可以代表大陆电子信息制造业。台湾电子信息制造业数据方面，研发人员全时当量和研发经费支出两个指标原始数据来自《科学技术统计要览 2012》；专利申请数和有效发明专利数原始数据则来自 2003～2011 年度《智慧财产局年报》中的专利统计表。

此外，为剔除货币单位差异和汇率变动对结果的影响，本节按 2003 年度的人民币兑美元汇率中间价和新台币兑美元汇率中间价，分别将考察期内大陆 14 省份电子信息制造业研发经费支出额和台湾电子信息制造业研发经费支出额统一转换为美元。

三、实证结果及分析

首先采用投入导向的 BCC 模型，应用 DEAP 2.1 软件对 15 个地区（大陆 14 省份及台湾地区）电子信息制造业 2003～2011 年度的研发效率进行了测度；接下来，为对同时处于效率前沿的决策单元进行区分，进一步用 EMS 1.3 软件做了超效率模型测度，结果见表 6-1。

表 6-1　2003～2011 年度大陆部分省份与台湾地区电子信息制造业的研发效率

地区/项目	crs-bcc	vrs-bcc	se-bcc	rs	crs-super	crs-bcc	vrs-bcc	se-bcc	crs-super
北京	1.000	1.000	1.000	-	1.345	0.660	0.690	0.937	0.817
天津	0.446	0.507	0.880	irs	0.446	0.346	0.450	0.754	0.346
辽宁	0.458	0.785	0.583	irs	0.458	0.499	0.719	0.631	0.499
上海	0.900	0.944	0.953	drs	0.900	0.539	0.568	0.944	0.539
江苏	0.547	0.697	0.784	drs	0.547	0.305	0.351	0.911	0.305
浙江	0.748	0.817	0.916	drs	0.748	0.434	0.471	0.905	0.434
安徽	1.000	1.000	1.000	-	1.180	0.461	0.871	0.544	0.492

地区/项目	crs-bcc	vrs-bcc	se-bcc	rs	crs-super	crs-bcc	vrs-bcc	se-bcc	crs-super
福建	0.361	0.376	0.960	drs	0.361	0.283	0.317	0.863	0.283
山东	0.632	0.666	0.948	drs	0.632	0.414	0.505	0.874	0.414
河南	0.906	1.000	0.906	irs	0.906	0.558	0.860	0.674	0.558
湖南	0.812	1.000	0.812	irs	0.812	0.369	0.855	0.421	0.417
广东	0.844	1.000	0.844	drs	0.844	0.718	0.748	0.924	0.740
四川	0.841	0.930	0.904	irs	0.841	0.344	0.476	0.882	0.344
陕西	0.617	0.860	0.717	irs	0.617	0.584	0.686	0.780	0.584
平均值	0.722	0.827	0.872		0.760	0.465	0.612	0.789	0.484
台湾	1.000	1.000	1.000	-	1.984	1.000	1.000	1.000	4.762

注：表中第一行 crs 表示综合技术效率水平，vrs 表示纯技术效率水平，se 表示规模效率情况，rs 表示规模报酬情况，drs 表示规模报酬递减，irs 表示规模报酬递增，-表示规模报酬不变；bcc 和 super 分别表示效率评价所用的 DEA 模型。

表 6-1 中主体部分的前 4 列给出了 2011 年的静态综合技术效率值、各分解项以及规模报酬情况，第 5 列给出了利用超效率方法得出的静态综合技术效率值，第 6~8 列给出了样本期内静态综合技术效率均值及各分解项，第 9 列给出了样本期内利用超效率方法得出的静态综合技术效率值。可以看出，考察期内台湾电子信息制造业研发综合技术效率、纯技术效率和规模效率三项指标相比大陆均处于效率前沿，尤其是用超效率方法测度出的技术效率均值更是远远高于大陆的平均水平。就 2011 年情况而言，台湾电子信息制造业的技术效率优势相比大陆仍很明显，但差异程度已经大为缩减。一方面，大陆 14 个省份中，除辽宁外，其余省份 2011 年综合技术效率值均高于考察期内平均水平，尤其北京和安徽两地处于效率前沿的行业，用超效率方法测度出的综合技术效率值分别达到 1.345 和 1.180；另一方面，台湾电子信息制造业虽然仍处于效率前沿位置，但用超效率方法测度出的综合技术效率值已经明显低于考察期的平均水平，2011 年为 1.984。上述结果意味着考察期内台湾电子信息制造业研发效率一直高于大陆，且两岸电子信息制造业的研发效率表现出收敛趋势。

为进一步考察两岸电子信息制造业研发效率的变动情况，同时验证两岸之间是否存在收敛趋势，下面将利用曼奎斯特生产力指数方法，从动态效率评价角度对两岸电子信息制造业的研发绩效做进一步分析。

表 6-2 和表 6-3 分别给出了考察期内大陆与台湾各个年度间电子信息制造业研发效率的变化及其分解值。从表 6-2 可以看出，2003～2011 年间，大陆电子信息制造业研发全要素生产率（TFP）呈上升之势，年均增长 13.9%，其中年均增长 14.8%的综合技术效率是引致 TFP 增长的强劲动力，综合技术效率的增长则由纯技术效率的增长和规模效率的增长共同推动；但是，考察期内技术水平却呈现年均 0.8%的轻微下降，减弱了 TFP 的增长。分年度看，除 2009～2010 年 TFP 下降 4%外，其余年份均有不同程度上升。其中 2008～2009 年增长最为明显，高达 65%，这与 2009 年 4 月份《电子信息产业调整和振兴规划》出台后的政策效应有关。就技术水平变动而言，尽管考察期内整体上略有下降，但 2009～2010 年和 2010～2011 年两个时间段技术水平均有明显上升，意味着大陆电子信息制造业研发开始走上依靠技术进步驱动效率提升的发展轨道。

表 6-3 显示，2003～2011 年间，台湾电子信息制造业研发 TFP 整体上有所退步，年均下降 4.7%，并全部由研发技术水平的下降所致。分年度看，除 2003～2004 年度外，其余年份 TFP 均有下降，其中 2009～2010 年度降幅最大，下降 11.2%；2010～2011 年度降幅有所减弱，但整体上仍处于下行区间。研发 TFP 的下降意味着台湾电子信息制造业研发创新已经进入一个进一步提升的瓶颈期，这既与过去十年来外部经济环境的变化有关，也与台湾长期以来电子产业发展过度依赖代工形成"技术锁定"有关。

表 6-4 进一步给出了 2003～2011 年间包括大陆 14 省份在内的两岸电子信息制造业研发效率动态变化情况。可以看出，大陆 14 省份中除天津外，其余 13 省份电子信息制造业研发 TFP 整体上都有较明显的上升。就 TFP 上升背后动因看，北京、辽宁、浙江、福建、山东 5 省份由纯技术效率增长和规模效率增长驱动；安徽由规模效率增长和技术进步驱动；上海、江苏、广东、四川 4 省份单独由纯技术效率增长驱动；湖南单独由规模效率驱动；河南和陕西则由纯技术效率、规模效率和技术进步三种力量共同驱动。就天津及台湾电子信息制造业研发 TFP 下降原因看，前者由纯技术效率下降和技术水平倒退引起，后者则单独由技术水平倒退引起。

表 6-2　2003～2011 年各年度间大陆电子信息制造业研发效率变化及其分解

年度/项目	effch	techch	pech	sech	tfpch
2003～2004	1.070	0.999	0.690	1.551	1.069
2004～2005	1.170	0.972	1.408	0.831	1.137
2005～2006	1.061	0.951	1.059	1.001	1.008
2006～2007	1.112	0.982	1.166	0.953	1.092
2007～2008	1.007	1.139	0.930	1.084	1.147
2008～2009	2.090	0.790	1.610	1.298	1.650
2009～2010	0.873	1.099	0.941	0.928	0.960
2010～2011	1.115	1.046	1.085	1.027	1.166
平均值	1.148	0.992	1.079	1.064	1.139

注：effch 表示综合技术效率变化，techch 表示技术水平变化，pech 表示纯技术效率变化，sech 表示规模效率变化，tfpch 表示全要素生产率变化；其中 effch=pech×sech，tfpch=effch×techch= pech×sech×techch。本章下面其他表中出现的这些变量含义与此相同。

表 6-3　2003～2011 年各年度间台湾电子信息制造业研发效率变化及其分解

年度/项目	effch	techch	pech	sech	tfpch
2003～2004	1.000	1.031	1.000	1.000	1.031
2004～2005	1.000	0.995	1.000	1.000	0.995
2005～2006	1.000	0.997	1.000	1.000	0.997
2006～2007	1.000	0.921	1.000	1.000	0.921
2007～2008	1.000	0.950	1.000	1.000	0.950
2008～2009	1.000	0.890	1.000	1.000	0.890
2009～2010	1.000	0.888	1.000	1.000	0.888
2010～2011	1.000	0.961	1.000	1.000	0.961
平均值	1.000	0.953	1.000	1.000	0.953

表 6-4　2003～2011 年两岸分地区电子信息制造业研发效率变动平均值及其分解

地区/项目	effch	techch	pech	sech	tfpch
北京	1.154	0.975	1.132	1.020	1.125
天津	0.991	0.990	0.968	1.024	0.981
辽宁	1.491	0.984	1.166	1.279	1.467
上海	1.104	0.982	1.108	0.997	1.085
江苏	1.090	0.996	1.117	0.975	1.085
浙江	1.211	0.996	1.147	1.055	1.205
安徽	1.239	1.009	1.000	1.239	1.250

地区/项目	effch	techch	pech	sech	tfpch
福建	1.047	0.997	1.028	1.018	1.044
山东	1.078	0.978	1.069	1.008	1.054
河南	1.206	1.005	1.040	1.159	1.213
湖南	1.190	0.988	1.000	1.190	1.176
广东	1.125	0.984	1.148	0.980	1.107
四川	1.139	0.995	1.139	0.999	1.132
陕西	1.087	1.009	1.064	1.023	1.097
平均值	1.148	0.992	1.079	1.064	1.139
台湾	1.000	0.953	1.000	1.000	0.953

四、小结

静态来看，台湾电子信息制造业研发综合技术效率及其分解项纯技术效率和规模效率均领先于大陆；动态而言，考察期内大陆电子信息制造业研发 TFP 整体上明显上升，台湾地区则有所下降，表明两岸电子信息制造业研发效率差异呈收敛之势。大陆电子信息制造业研发 TFP 的上升，整体上由技术效率和规模效率的提升共同引致；台湾电子信息制造业研发 TFP 的下降，则由研发技术水平的倒退引起。考察期内两岸电子信息制造业研发技术水平都有下降，意味着两岸在世界电子信息制造业研发技术体系中都处于"不进则退"的境地；所不同的是，大陆在 2009 年之后呈现出技术水平的攀升态势，而台湾则处于一种"技术锁定"状态。

第二节　两岸电子信息制造业研发效率影响因素分析

在上节对两岸电子信息制造业研发效率进行测度基础上，本节以超效率 BCC 模型得出的大陆 14 省份及台湾电子信息制造业研发综合技术效率值作为因变量，以研发效率的各种影响因素作为自变量，构建了 Tobit 回归模型，以进一步对两岸电子信息制造业研发效率差异背后的影响因素进行考察。

一、确定效率影响因素的两阶段法和 Tobit 模型

应用 DEA 方法得出决策单元效率值后，为了进一步分析评估效率值受哪些环境因素影响及其影响程度，在 DEA 分析中衍生出一种被称为"两阶段法"的方法：第一步，先通过 DEA 模型评估出决策单元的效率值；第二步，做效率值（因变量）对各种环境因素的回归，并由自变量的系数判断环境因素对效率值的影响方向与影响强度。但是，由超效率 DEA 模型确定的效率值大于零，若用普通最小二乘法对模型直接回归，参数估计值将是有偏的、不一致的（Greene，1981）。为解决这一问题，Tobin 于 1958 年提出了截取回归模型（Censored Regression Model），又称为"Tobit 模型"，见式（6.4）。

$$\begin{cases} y^* = \beta x_i + \varepsilon \\ y_i = y_i^*, if\ y_i^* > 0;\ y_i = 0, otherwise \end{cases} \tag{6.4}$$

此处，$\varepsilon_i \sim N$（0，σ^2），β 为回归参数向量，x_i 为自变量向量，y_i^* 为因变量向量，y_i 为效率值向量。可以证明，采用极大似然估计法对 Tobit 模型进行估计，可以得到 β 和 σ 的一致估计。

二、模型设定与数据说明

（一）模型设定

假设一：行业市场竞争程度提高，有利于研发效率的提升。关于市场结构与研发绩效的关系，熊彼特（Schumpeter，1950）最早阐述了大企业促进创新的观点，暗含垄断有助于创新的思想，被之后的学者表述为"熊彼特假说"。国内相关的实证研究既有支持该假说的，也不乏与其相悖者，迄今并没有得出一致的结论。[①]陈林、朱卫平（2011）基于大陆工业企业数据的相关实证研究表明，国有经济比重大的行政进入壁垒产业的创新与市场结构呈显著"U"形曲线关系，熊彼特假说成立；国有经济比重小的自由市场产业的创新与市场结构呈显著"倒 U"形曲线关系，熊彼特假说不成立。鉴于两岸电子信息制造业都属于公有经济比重小的行业，同时考虑到电子信息制造业具有技术升级换代速度快从而大企业技术垄断优势不明显的特性，本节假定两岸电子信息制造业研发效

---

① 关于熊彼特假说及支持或不支持这一假说的代表性文献的总结可以参考：陈林，朱卫平. 创新、市场结构与行政进入壁垒——基于中国工业企业数据的熊彼特假说实证检验. 经济学季刊，第 10 卷第 2 期，2011年 1 月刊.

率与行业内的市场竞争程度正相关，并用企业单位数（取对数，记为 X^1）作为衡量市场竞争程度的代理变量。

假设二：企业平均生产规模越大，越有利于研发效率的提升。关于企业规模与研发效率的关系，相关的研究也并未得出一致结论。从理论分析看，一方面，企业规模的扩大意味着企业在人才队伍建设、资源禀赋、成本分摊以及研究与开发（Research and Development，R&D）风险控制能力等方面都更具优势，R&D 成功率会更高，R&D 绩效也就会更高；[①]另一方面，当企业规模不断扩大时，或由于管理控制能力的降低，或由于过度的官僚控制，研发效率会因此受到损害。[②]实证研究方面，朱有为、徐康宁（2006）[③]基于大陆高技术产业数据和冯根福等（2006）[④]基于大陆工业企业数据的研究，分别得出了企业规模与研发效率正相关和负相关的结论。考虑到电子信息产业属于高技术产业，而且考察期内大陆 14 省份及台湾地区这 15 个考察对象中，用产值衡量的平均生产规模均有上升（见图 6-1），同时上一节表 6-1 给出的结果也显示考察期内绝大多数考察对象电子信息制造业的研发绩效都有上升，因此本节在此假定两岸电子信息制造业研发效率与行业内企业的平均生产规模正相关，并用平均产值（取对数，记为 X^2）来衡量生产规模。

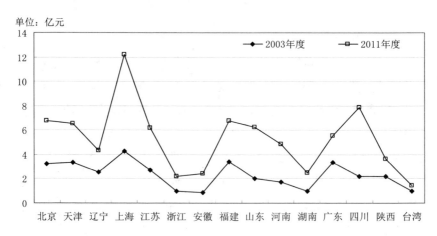

图 6-1　2003 年和 2011 年大陆 14 省份与台湾地区电子信息制造业平均产值规模

① 王长春. 中国各省区高技术产业研发绩效及影响因素研究. 湖南大学学位论文，2011 年.

② 郑山水. 研发效率的测算及其影响因素的实证研究——基于 1995～2009 年高技术产业数据. 科技管理研究，2012 年第 15 期.

③ 朱有为，徐康宁. 中国高技术产业研发效率的实证研究. 中国工业经济，2006 年第 11 期.

④ 冯根福，刘军虎，徐志霖. 中国工业部门研发效率及其影响因素实证分析. 中国工业经济，2006 年第 11 期.

假设三：行业市场开放程度越高，越有利于研发效率的提升。在开放市场经济条件下，一个国家或地区产业的对外开放程度往往可以从对外贸易视角衡量。国际贸易则可以通过以下途径提高研发效率：国际贸易提供了更多元的中间产品和资本装备，这些中间产品可以通过产业的关联效应提升进口地的技术进步；国际贸易提供了信息交流的渠道，促进了跨国或跨地区间生产方法、产品设计、组织架构等方面的学习，有助于提高本地资源的使用效率和单位投入的增加值；最后，技术的进口可以带来进口地的技术进步，出口地受到市场反馈和竞争压力，也会促使自身的技术进步。[①]因此，本节假定两岸电子信息制造业研发效率与行业市场开放程度正相关，同时考虑到数据的可获得性，用出口交货值与生产产值的比重（记为 X^3）来衡量市场开放程度。

假设四：财政对研发活动的支持力度越大，越有利于研发效率的提升。作为经济发展的主导产业，电子信息制造业在两岸都是财政大力鼓励和支持发展的产业，而且这些方面的相关政策在很大程度上是通过对研发活动的奖励或补贴实施的。尽管也存在财政投入资金对企业投入资金的替代效应，但两者更多的是一种互补关系，即通过财政投入降低企业研发风险，带动企业配套投入更多的研发资金，进而取得比没有财政投入更多的研发成果。因此，本节假定两岸电子信息制造业研发效率与财政投入力度正相关，并用电子信息制造业研发经费支出中来自财政资金的比重（记为 X^4）来衡量财政的支持力度。

在上述假定下，两岸电子信息制造业研发效率影响因素的 Tobit 回归模型可以表述为：

$$CRS_{it} = \alpha_0 + \alpha_1 \times X^1_{it} + \alpha_2 \times X^2_{it} + \alpha_3 \times X^3_{it} + \alpha_4 \times X^4_{it} + \varepsilon \tag{6.5}$$

其中，CRS_{it} 为地区 i 第 t 年的电子信息制造业研发综合效率值，代表了该地区电子信息制造业研发效率，具体分析时采用的是超效率值；α_0 为截距项，α_1、α_2、α_3 和 α_4 为各自变量的回归系数；i=1，2，…，n（n=15），分别代表了上一节所选的大陆 14 省份和台湾地区；t 代表时期（t=2003，2004，…，2011）；ε 为残差项。

（二）数据说明

上述影响因素指标，大陆的原始数据均来自相关年份《中国高技术产业统计年鉴》；台湾地区，企业数量（X^1）来自台湾经济主管部门相关年份的《工

---

① 岳书敬. 中国区域研发效率差异及其影响因素——基于省级区域面板数据的经验研究. 科研管理, 2008年第 5 期.

厂校正暨营运调查》或《工商及服务业普查》，生产值及外销值数据来自相关年份的《工业生产调查》，研发经费中源于财政资金的数量来自相关年份《台湾科学技术统计要览》，指标 X^2、X^3 和 X^4 根据这些数据计算得出。

三、实证结果分析

基于上述数据，本节采用 Eviews 6.0 软件中的 Tobit 模型对式（6.5）进行回归分析，结果如表 6-5 所示：

表 6-5　两岸电子信息制造业研发效率影响因素 Tobit 回归结果

解释变量	系数	Z 值	P 值
X^1	0.618501	3.028153	0.0025
X^2	-1.033436	-3.086569	0.0020
X^3	0.009604	0.718664	0.4723
X^4	0.012488	0.404334	0.6860
常数项 C	-2.525927	-2.518730	0.0118

分析表 6-5 中的结果可以得出以下结论：

第一，用企业数量衡量的市场竞争程度与两岸电子信息制造业研发效率正相关。电子信息制造业行业内企业数量每增加 1%，研发效率可以提升 0.62%，这支持了前文的假定，表明竞争性的市场结构有利于激发电子信息制造业的研发创新活力。

第二，行业内企业平均规模与两岸电子信息制造业研发效率负相关。电子信息制造业行业内企业平均生产规模每增加 1%，研发效率反而降低 1.03%，这与前文所作出的假定不一致。究其原因，可能主要是考察期内大陆电子信息制造业仍处于主要依靠要素资源投入驱动而非创新驱动的发展阶段，在产业规模快速扩大的同时，尽管也增加了研发投入，但研发能力短期内尚不能同步提高，或者因市场成长对创新依赖度相对较低而缺乏足够的动力和压力以同步提升创新能力，致使产业壮大没有相应产生研发的规模经济效应，规模不经济效应却比较明显。

第三，行业市场开放程度与两岸电子信息制造业研发效率正相关，但不显著。究其原因，一方面可能与上文用出口交货值与生产产值的比重来衡量市场开放程度这一假定的内在局限有关，毕竟产品出口只是对外开放的一部分，将进口、外商直接投资（FDI）等指标同时考虑进来会更加客观，但目前笔者尚缺乏获得这些数据的有效途径；另一方面，这一结果也反映了两岸电子信息制造业整体上在全球生产体系中仍处于相对低端位置，面临"低端锁定"发展瓶颈，使得电子信息制造业对外开放所带来的技术溢出效应不明显。

第四，财政对企业研发活动的资金支持力度与两岸电子信息制造业研发效率正相关，但也不显著。究其原因，可能主要与大陆对电子信息产业的扶持政策有关。一方面，大陆的产业扶持较多地采用直接投入财政资金支持企业研发活动的形式；另一方面，大陆各个地区对电子信息产业研发项目的资金支持既有"绩效导向"，即发挥通过奖励促使强者更强的效果，也存在地方政府出于地方短期经济利益或个人政绩需要考虑而实施的"扶弱"项目或"示范"项目，而后两类资金投入的绩效往往不高，必然从整体上影响财政资金功能的有效发挥。

四、小结

本节基于由 DEA 分析衍生的确定效率影响因素的两阶段法和 Tobit 模型，构建了两岸电子信息产业影响因素分析模型，并利用 Eviews 6.0 软件对 2003～2011 年度相关指标数据进行了实证分析。结果显示：市场竞争程度、市场开放程度以及财政对企业研发活动的资金支持力度三项因素与两岸电子信息制造业研发效率正相关，但后两者不显著；行业内企业平均规模与两岸电子信息制造业研发效率显著负相关。上述结果意味着，两岸电子信息产业相互间竞争有利于彼此研发效率的提升，但两岸电子信息产业共同面临"低端锁定"发展瓶颈，有必要通过联合研发实现突破，共同提升产业在全球价值链中的地位；大陆电子信息产业发展方面，还需特别注重加强对企业研发项目尤其是有财政资金支持的研发项目的前期评估，以切实发挥研发投入的规模经济效应和财政资金的有效引导功能。

第三节　提升两岸电子信息制造业研发效率的政策建议

就两岸比较而言，大陆电子信息制造业研发效率绝对水平仍较低，但整体上呈现改进上升趋势；台湾电子信息制造业研发效率绝对水平虽仍明显高于大陆，但却表现为退步之势。从更宏观的全球电子信息产业网络和价值链来看，两岸电子信息制造业都还处于相对较低端的位置。展望未来，面临竞争日趋激烈的全球电子信息市场，两岸电子信息产业唯有发挥各自优势，在研发层面进行深入合作，在行业关键核心技术上实现重大突破，方能有效提升研发效率，更好地立足现在并赢得未来。为此，笔者提出以下四点政策建议：

第一，明确研发合作基础。目前，两岸产业合作方面已经形成《海峡两岸经济合作框架协议》(Economic Cooperation Framework Agreement，简称 ECFA) 体系下的合作模式，两岸经济合作委员会产业合作工作小组正在推动发光二极管（LED）照明、无线城市、显示产业、冷链物流、汽车、纺织 6 个产业的合作，前 3 个产业分组都属于电子信息产业的范围，这些为两岸电子信息产业进行更深层次的研发合作提供了良好的条件。在此基础上，可以考虑以共同制定技术标准为切入点，以共同攻克重大关键共性技术难题为核心，以共同赢取国际市场为目标，以共享合作利益为保障，构建两岸电子信息产业研发合作的基础。在具体项目选择上，可以重点发展有望在全球市场争得一席之地的领域为合作重点。比如，三维（3D）显示、第四代移动通信技术（4G）宽带、光电材料、云计算服务、数字内容等。

第二，搭建研发合作平台。目前在科技交流合作方面，两岸已形成"海峡两岸科技论坛"及"两岸产业技术论坛"等科技交流平台，在电子信息产业领域也已达成具体项目层面的合作。比如，2012 年 2 月 27 日上午，福建厦门立达信光电有限公司和台湾晶元光电股份有限公司签署联合建设"LED 光电集成一体化技术两岸联合研发中心"合作协议书；再如，2012 年 6 月，福建泉州光电行业协会与台湾台固通绿能科技公司签署联合共建"海峡两岸光电科学技术研究开发中心"协议书。但整体而言，两岸电子信息产业研发合作尚处于探索阶段，下一步两岸应积极在搭建研发合作平台上取得突破，为两岸电子信息企业开展研发合作提供便利条件和配套保障，推动更大范围、更高层次的研发合作。

第三，创新研发合作模式。上述两岸电子信息产业界尝试开展的研发合作采用的仍为"协议研发"模式，这是一种封闭式研发合作组织模式，虽便于对研究人员和科研进度进行管理和掌控，同时对知识产权的保护也比较简单易行，但因不能受益于全球范围内流动的知识财富，而且研发的商业化也颇受局限，因而对提升行业研发效率的贡献必然十分微弱。正是由于在全球化时代封闭式研发创新的局限日益明显，越来越多的创新主体开始采用开放式的研发创新模式，通过向全球搜寻技术创新源、强化研发联盟、推动产学研合作、运用风险基金与公共资源等方式，整合利用内部和外部的研发资源，从而使研发活动充满并保持活力。两岸电子信息产业开展研发合作过程中，相关主管部门和中介组织应积极发挥导向功能，引导并为两岸电子信息产业界开展开放式研发创新合作提供必要前提和资源条件。

第四，探索走协同创新发展之路。相对于开放式创新，协同创新是一项更为复杂的创新组织方式，其关键是形成以大学、企业、研究机构为核心要素，以主管部门、金融机构、中介组织、创新平台、非营利性组织等为辅助要素的多元主体协同互动的网络创新模式，通过知识创造主体和技术创新主体间的深入合作和资源整合，产生 1+1+1>3 的非线性效用。[①]在科技经济全球化的大环境下，协同创新正在成为当今科技创新的新范式，未来两岸电子信息产业领域的研发合作也应勇于打破现有的各种藩篱和隔阂，以推进协同创新作为主方向，在不断提升研发效率的同时，共同逐鹿全球电子信息市场。

---

① 陈劲. 协同创新与国家科研能力建设. 科学学研究，2011 年第 12 期.

第七章　两岸产业促进政策比较

电子信息产业是国民经济的战略性、基础性和先导性支柱产业，对于促进社会就业、拉动经济增长、调整产业结构、转变发展方式和维护国家或地区安全具有十分重要的作用，已经成为世界各国或地区经济增长的重要引擎。近年来，两岸电子信息产业发展迅速，这得益于两岸产业促进政策的实施。本章对大陆和台湾的电子信息产业政策进行了概述，并对两岸电子信息产业促进政策的异同进行了分析，这对于促进两岸在产业政策领域协商统筹、协调发展，同时深化两岸电子信息产业合作具有非常重要的意义。

第一节　大陆电子信息产业促进政策概述

一、电子信息产业促进政策演变

大陆自 20 世纪 80 年代末正式开始推行产业政策以来，政策措施一直以产业结构调整为主线。针对电子信息产业，产业政策的内涵不断地丰富和扩展。我们把电子信息产业促进政策演变历程分为电子信息产业初步发展阶段、电子信息产业升级阶段、电子信息产业创新发展阶段。表 7-1 描述了大陆电子信息产业各个发展阶段的产业政策内容和实施手段。

（一）电子信息产业初步发展阶段

20 世纪八九十年代，大陆经济面临的基本问题是各个产业基础薄弱且内部结构不合理。党的十四大报告和十四届三中全会通过的《中共中央关于建立社会主义市场经济体制若干问题的决定》对产业政策都提出了相关要求。前者明确提出要将机械电子、汽车制造和建筑业发展成为国民经济的支柱产业；后者要求，配合运用货币政策、财政政策和产业政策，促进国民经济和社会的协调发展。1994 年 4 月 12 日，国务院颁布《90 年代国家产业政策纲要》，成为产业结构调整政策的总纲。在 20 世纪 90 年代中后期制定的产业政策相关文件主要有《当前国家重点鼓励发展的产业、产品和技术目录》《外商投资产业指导目录》《当前优先发展的高技术产业化重点领域指南》等。通过这些产业促进政策，电子信息产业得到了初步的发展。

表 7-1　大陆电子信息产业促进政策演变

演变阶段	政策内容	实施手段
产业初步发展阶段	（1）《国务院关于当前产业政策要点的决定》和《90 年代国家产业政策纲要》 （2）产业指导目录：《外商投资产业指导目录》《当前国家重点鼓励发展的产业、产品和技术目录》《当前优先发展的高技术产业化重点领域指南》	项目审批、差别化银行信贷和税收政策、重点产业投资贷款贴息等
产业升级阶段	（1）《鼓励软件产业和集成电路产业发展的若干政策》 （2）《电子信息产业调整和振兴规划》 （3）产业指导目录：《当前国家重点鼓励发展的产业、产品和技术目录》《外商投资产业指导目录》 （4）抑制过剩产能：《关于加快推进产能过剩行业结构调整的通知》	项目审批、税收政策、产业技术政策、人才培养、出口政策、投资补助和贷款贴息补助等
产业创新发展阶段	（1）《进一步鼓励软件产业和集成电路产业发展若干政策》 （2）国家"十二五"规划和相关部门的专业规划 （3）《产业结构调整指导目录》《政府核准的投资项目目录》 （4）《工业转型升级规划（2011～2015 年）》 （5）淘汰落后产能：《国务院关于进一步加强淘汰落后产能工作的通知》	项目审批、财政支持、税收激励、信贷支持、鼓励研发、人才政策、进出口政策等

（二）电子信息产业升级阶段

进入 21 世纪后，随着大陆内外经济环境的变化，党的十六大提出走新型工业化道路，越来越重视发挥信息化和技术升级的作用。一方面，对原有部分政策不断升级，于 2000 年修订《当前国家重点鼓励发展的产业、产品和技术目录》；于 2002 年、2004 年和 2007 年三次修订《外商投资产业指导目录》；于 2001 年、2004 年和 2007 年三次修订《当前优先发展的高技术产业化重点领域指南》。

另一方面，根据新形势需要推出新政策，突出发展电子信息产业。2000年6月，国务院印发《鼓励软件产业和集成电路产业发展的若干政策》，内容涉及投融资政策、税收政策、分配政策、产业技术政策、人才培养政策、出口政策等领域，旨在推动软件产业和集成电路产业的发展，并带动传统产业改造和产品升级换代；2002年11月，十六大报告中提出"坚持以信息化带动工业化，以工业化促进信息化"，体现出国家对电子信息产业的重视。

2009年工信部和国家发改委联合出台了《电子信息产业调整和振兴规划》，并将这一规划作为电子信息产业应对危机、振兴发展的行动计划方案和组织实施重大工程的依据。规划提出了要重点抓好9个领域的工作：确保计算机、电子元器件、视听产品等骨干产业稳定增长；突破集成电路、新型显示器件、软件等核心产业的关键技术；在通信设备、信息服务、信息技术应用等领域培育新的增长点。同时，规划中明确了电子信息产业振兴的政策措施：

第一，为电子信息产业调整振兴营造良好的政策环境。保持鼓励软件产业和集成电路产业发展政策的稳定性。落实数字电视产业政策，推动数字电视产业发展，推进电信网、互联网、广播电视网"三网融合"。支持电子整机和新型平板显示器件骨干企业享受高新技术企业的税收优惠政策。鼓励光伏发电和半导体照明的推广应用。继续保持电子信息产品出口退税力度，发挥出口信贷和信用保险的支持作用。

第二，组织实施调整振兴规划涉及的重点项目。加大投入，集中力量实施集成电路升级、新型显示和彩电工业转型、第三代移动通信产业新跨越、数字电视推广、计算机提升和下一代互联网应用、软件及信息服务等重要工程，鼓励引导社会资金投向信息产业。

第三，实施"家电下乡"，落实扩大内需的各项政策。据初步测算，"家电下乡"政策实施四年，可实现家电下乡产品销售4.8亿台，累计拉动消费9200亿元，而各个地方也在根据当地情况出台更多的优惠政策。

第四，大力支持时分（Time Division，TD）技术发展，加快第三代移动通信技术（3G）建设。继续支持TD的产业化，壮大TD产业链。预计未来三年3G网络建设投资规模约为4000亿元，将对通信设备制造业、终端产业和信息服务业等上下游产业形成有力拉动。

第五，大力发展软件和信息服务业。鼓励支持电信运营企业开展业务创新，培育新的增长点，加快向信息服务转型。鼓励软件企业与金融、电力等行业加强合作，支持钢铁、汽车、纺织等行业的软件中心成为行业软件服务企业，开拓新的应用空间。着力推动服务外包公共服务平台建设，以软件外包服务为切入点，创新发展信息服务业。

（三）电子信息产业创新发展阶段

2008 年全球金融危机爆发后，大陆电子信息产业政策将新的重点锁定在产业的创新发展上。对《产业结构调整指导目录》《政府核准的投资项目目录》等进行了修订，并在 2011 年 1 月颁布实施《进一步鼓励软件产业和集成电路产业发展若干政策》。国家"十二五"规划和相关部门的专业规划中提出电子信息产业政策重点：不断提高电子信息行业的研发水平，增强基础电子自主发展能力，引导向产业链高端延伸；大力发展新一代移动通信、下一代互联网、三网融合、物联网、云计算、集成电路、新型显示、高端软件、高端服务器和信息服务等新一代电子信息技术产业。

《工业转型升级规划（2011～2015 年）》第四章"重点领域发展导向"第四节"增强电子信息产业核心竞争力"提出：基础电子领域，重点支持高世代薄膜晶体管液晶显示器（TFT-LCD）发展，提高等离子体显示器（PDP）产业竞争力，加快大尺寸有机电致发光显示器（OLED）、三维（3D）显示、激光显示等新型显示技术的研发和产业化；计算机领域，大力支持自主设计研发中央处理器（CPU）等芯片在整机中的应用，加快平板电脑、高性能计算机及服务器等重点产品的研发及产业化；通信设备及终端领域，重点支持时分同步码分多址（TD-SCDMA）高端产品、时分长期演进（TD-LTE）等新一代移动通信设备和系统的研发及产业化，发展传感网络关键传输设备及系统，统筹部署下一代互联网、三网融合、物联网等关键技术的研发和产业化；软件业领域，重点支持数字电视、智能终端、应用电子、数字医疗设备、下一代互联网等领域嵌入式操作系统及关键软件的研发及产业化，大力发展工业软件、行业应用软件和解决方案，着力培育龙头企业，鼓励中小软件企业特色化发展，形成良好的产业生态环境。

在 2010 年"第七届海峡两岸信息产业技术标准论坛"上，工信部部长指出了"十二五"战略机遇期间工信部促进电子信息产业发展的政策措施：

一是加强规划政策引导，推动产业结构优化升级。保持产业政策的稳定性，出台进一步支持集成电路、软件、新型显示器件等重点产业发展的政策。支持整机和新型平板显示器件企业享受高新技术企业的税收优惠政策。鼓励和支持优势企业并购重组，做大做强。

二是继续落实扩大内需政策，不断挖掘市场发展潜力。推动以内需支撑产业增长，加快 3G 建设，发挥信息基础设施升级和重大工程建设的带动作用。扩大软件网络化服务，培育电子商务等新兴业态，支持网络动漫等新兴产业发展，培育新的消费特点。

三是实施宽带战略，促进通信业创新转型。加快推动新一代移动通信、下一代互联网发展，特别要支持 TD 加速向长期演进（LTE）发展并向第四代移动通信过渡。加大新技术、新业务开发力度，加快传统通信服务向融合化、多媒体化、集成化信息服务转型。

四是以信息化带动工业化，推动两化深度融合。着力发展集成电路、关键元器件等核心基础产业。充分发挥信息技术在推进企业管理变革中的作用，用信息化全面改造提升传统产业，加快信息技术在研发设计、智能制造、现代管理等方面的应用。

二、电子信息产业促进政策措施

大陆贯彻电子信息产业政策的主要措施有财政资金扶持、税收减免优惠和财政补贴等。

（一）财政资金扶持

1. 电子产业转型升级资金。在整合电子信息产业发展基金、集成电路产业研究与开发专项资金等基础上，工信部和财政部于 2012 年设立了产业转型升级资金。

2. 战略性新兴产业发展资金。国家发改委和财政部于 2012 年设立战略性新兴产业发展专项资金，支持范围包括新兴产业创业投资计划、产学研协同创新、技术创新平台、区域集聚发展和财政部、国家发改委确定的其他战略性新兴产业重点工作。

3. 物联网发展专项资金。2012 年 8 月，工业与信息化部和财政部设立物联网发展专项资金，同时出台《物联网发展专项资金管理暂行办法》，以无偿资助或贷款贴息方式，支持物联网的技术研发与产业化、标准研究与制订、应用示范与推广、公共服务平台等方面的项目。

（二）税收减免优惠

1. 软件产品增值税优惠。一般纳税人销售其自行开发生产的软件产品，按

17%的税率征收增值税后，对其增值税实际税负超过 3%的部分实行即征即退政策；一般纳税人将进口软件产品进行本地化改造后对外销售，其销售的软件产品可享受本条第一款规定的增值税即征即退政策；纳税人受托开发软件产品，著作权属于受托方的征收增值税，著作权属于委托方或属于双方共同拥有的不征收增值税；对经过国家版权局注册登记，纳税人在销售时一并转让著作权、所有权的，不征收增值税。

2. 软件产业和集成电路产业税收优惠。国务院 2011 年出台《进一步鼓励软件产业和集成电路产业发展若干政策》，其中规定：继续实施软件增值税优惠政策；对符合条件的软件企业和集成电路设计企业从事软件开发与测试，信息系统集成、咨询和运营维护，集成电路设计等业务，免征营业税，并简化相关程序；对集成电路线宽小于 0.8 微米（含）的集成电路生产企业，经认定后，自获利年度起，第一年至第二年免征企业所得税，第三年至第五年按照 25%的法定税率减半征收企业所得税（以下简称企业所得税"两免三减半"优惠政策）；对集成电路线宽小于 0.25 微米或投资额超过 80 亿元的集成电路生产企业，经认定后，减按 15%的税率征收企业所得税，其中经营期在 15 年以上的，自获利年度起，第一年至第五年免征企业所得税，第六年至第十年按照 25%的法定税率减半征收企业所得税（以下简称企业所得税"五免五减半"优惠政策）。

（三）投资补助和财政补贴

《国家高技术产业发展项目管理暂行办法》规定，对国家认定的高技术产业发展项目，安排投资补助和贷款贴息补助两类国家补贴资金。

第二节　台湾电子信息产业促进政策概述

一、电子信息产业促进政策演变

台湾自 20 世纪 60 年代起开始通过实施产业政策促进经济发展，迄今为止，电子信息产业促进政策经历了电子信息产业投资促进阶段、电子信息产业升级阶段和电子信息产业创新阶段。表 7-2 描述了台湾电子信息产业各个发展阶段的产业政策内容和实施手段。

（一）电子信息产业投资促进阶段

20世纪60年代台湾将促进产业投资作为实施经济发展战略的重要手段。1960年8月30日，台湾当局主管部门通过《奖励投资条例》（以下简称《奖投条例》），次年1月台湾当局主管部门依据条例要求制定发布了施行细则。《奖投条例》目的在于通过奖励投资加速经济发展；主要内容包括税捐减免、工业用地取得及公营事业配合发展三部分，其中税捐减免最为重要，涉及奖励投资、储蓄、外销、研发以及促进资本市场发展、节约能源、防治污染、工业区建设等方面。该条例原定实施至1970年12月31日，后经3次全文修正和12次个别条款修正、增订和删除，一直实施到1990年底。《奖投条例》实施的最后10年，台湾已经意识到产业升级的必要性并采取了一些措施，比如台湾有关方面在1980年制定发布的《台湾经济建设十年计划》中，明确将机械、电机、电子、资讯、运输设备作为加强发展的技术密集策略性工业。

表7-2　台湾电子信息产业促进政策演变

演变阶段	政策内容	实施手段
投资促进阶段	（1）《奖励投资条例》 （2）《台湾经济建设十年计划》明确将机械、电机、电子、资讯、运输设备作为加强发展的技术密集策略性工业	税收减免、资金奖励、发展工业园区、设置开发基金、发行开发债券等
产业升级阶段	（1）《促进产业升级条例》明确了新兴产业的范围，包括通信、资讯、消费性电子、半导体、高级材料、精密器械等产业 （2）《两兆双星产业发展计划》进一步明确了台湾信息产业发展的主方向	税收减免、资金资助、设置开发基金、技术辅导、补助产业技术研发计划、鼓励开发工业区等
产业创新阶段	（1）《产业创新条例》 （2）台湾《2020年产业发展策略》提出电子信息工业、金属机械工业的重点发展产品	资金补助、技术辅导、研发活动税收抵减、鼓励品牌建设、鼓励投资及招商、人才开发培训等

（二）电子信息产业升级阶段

从20世纪80年代中期开始，台湾当局认识到推动电子信息产业升级和提高产品附加值的重要性和紧迫性。1990 年 12 月 28 日，台湾当局主管部门通过《促进产业升级条例》（以下简称《产升条例》），用于取代原有的《奖投条例》。1991 年 4 月台湾当局主管部门依据条例要求制定发布了施行细则。根据《产升条例》第 19 条第 2 项的要求，经济主管部门明确了新兴产业的范围，包括通信、资讯、消费性电子、半导体、高级材料、精密机械与自动化、生物技术、数位内容、再生能源及节约能源设备等产业。

2002 年，台湾经济主管部门制定《两兆双星产业发展计划》，进一步明确了台湾信息产业发展的主方向。其中"两兆"产业是指扶植产值分别超过新台币 1 兆元的半导体产业和面板产业，有关方面成立半导体产业推动办公室，将台湾打造成为全球半导体重要集成电路（IC）设计、开发和生产制造中心，以利扶植外围系统规格的发展；在另一"兆"的面板产业方面，成立影像显示产业推动办公室，推动上、中、下游产业合作。"双星"产业，分别是数位内容产业和生物科技。

（三）电子信息产业创新阶段

受 2008 年全球性金融危机的影响，台湾开始将营造创新环境及鼓励创新作为电子信息产业政策的重点，以期通过促进产业创新改善电子信息产业环境和提升电子信息产业竞争力。2010 年 4 月 16 日，台湾当局三读通过《产业创新条例》（以下简称《产创条例》），同时通过《产升条例》废止案。《产创条例》大幅度削减了租税减免方面的优惠措施，仅保留了研发支出方面的应纳营利事业所得税优惠；与此同时，增加了无形资产流通及运用、产业人才发展、产业永续发展环境等方面的内容，并强化运用补助、辅导等工具鼓励企业的创新活动。

台湾《2020 年产业发展策略》提出电子信息工业、金属机械工业的重点发展产品，如表 7-3 所示。

表 7-3　台湾 2020 年重点发展产品

行业	产品
1. 电子信息工业	（1）云端运算 （2）智慧生活科技 （3）节能照明 （4）光电材料 （5）高值化智能电子 （6）智能手持装置：3D 显示、4G 宽带、多元感测、多媒体应用 （7）绿色显示

行业	产品
2. 金属机械工业	（1）电动车辆：智慧电动车、电动机车 （2）精密机械 （3）智能型自动化：智能型自动化产品与设备、智能机器人以及自动化工程技术服务 （4）高附加价值金属材料：先进高强度钢、轴承钢、电磁钢片、高品级节镍不锈钢、高反射率铝合金及光电/半导体/绿能产业用金属材料

二、电子信息产业促进政策措施

台湾主管机关贯彻电子信息产业政策的主要措施有：

1. 所得税抵减。为促进信息产业创新，公司可以在投资研究发展支出金额 15% 的限度内，抵减当年度应纳营利事业所得税额，并以不超过该公司当年度应纳营利事业所得税额的 30% 为限。

2. 以补助或辅导方式，推进下列事项：促进产业创新及研究发展；提供产业技术及升级辅导；鼓励企业设置创新或研究发展中心；协助设立创新或研究发展机构；促进产业、学术及研究机构合作；鼓励企业对学校人才培育的投入；充实产业人才资源；协助地方产业创新；其他促进产业创新或研究发展事项。

3. 补助中小企业。为促进电子产业中小企业创新、改善人力结构，并创造就业机会，中小企业增雇员工者，主管机关应给予补助。

4. 资金协助。为加速产业创新、促进经济转型与发展，台湾当局主管部门设置专项发展基金，资助范围主要是投资于电子产业创新、高科技产业发展等事项。

第三节　两岸电子信息产业促进政策异同分析

一、两岸电子信息产业政策共性分析

两岸电子信息产业政策的共性体现在三个方面：

一是激励电子信息产业升级和创新。无论是大陆的国家产业政策，还是台湾的创新条例，都鼓励和资助企业研发、创新。同时，大陆电子信息产业处于急需升级的发展时期，鼓励升级的政策意味浓厚，大陆明确提出要大力提高原始创新能力、集成创新能力和引进消化吸收再创新能力，提升电子信息产业整体技术水平。台湾的《产升条例》更明确以促进产业升级为主旨；《产创条例》虽不再使用产业升级概念，但是创新的目的仍在于产业升级，而且是一种更高层次的产业升级。在鼓励电子信息产业技术升级和研发创新的具体方式上，两岸都采用了资金支持和税收优惠方面的措施。大陆在 2008 年 1 月 1 日起实施的《中华人民共和国企业所得税法》中规定，国家需要重点扶持电子信息企业，减按 15% 的税率征收企业所得税（一般企业按 25% 的税率征收）；并明确企业开发新技术、新产品、新工艺发生的研究开发费用，可以在计算应纳税所得额时加计扣除。台湾方面，依据《产升条例》设置了鼓励产业升级的开发基金，依据《产创条例》设置了发展基金。

二是品牌建设。在促进电子信息产业升级过程中，两岸都日趋重视发挥品牌的作用，将品牌建设作为提升电子信息产业发展内涵的有效手段。大陆在2011 年国务院印发的《工业转型升级规划（2011～2015 年）》中，进一步将实施质量和品牌战略作为工业转型升级的重点任务之一，鼓励企业制定品牌发展战略，引导企业创建具有国际影响力的世界品牌，鼓励有实力企业收购海外品牌，促进品牌国际化。台湾方面，对于企业以推广国际品牌、提升国际形象为目的而参与国际会展、拓销或从事品牌发展事项，各主管单位应给予奖励、补助或辅导；有关方面设置的发展基金资助范围之一就是鼓励企业发展自有品牌。

三是电子信息产业政策效果。两岸电子信息产业政策在引导和激励电子信息产业发展与产业转型方面发挥了积极作用。大陆多年以来持续对电子信息产业实施税收优惠、财政补贴等政策，推动了大陆电子信息产业创新和产业升级，优化了大陆的产业结构。1994 年至 2011 年，大陆的通信设备、计算机等电子信息产品的结构比例持续增长。台湾的电子信息产业政策引导台湾产业向高技术、高附加值的高端环节发展，推动了台湾电子信息产业创新和产业升级，电子零组件、电脑电子产品等行业迅速发展，占制造业的比重快速增加。

二、两岸电子信息产业政策差异分析

从电子信息产业政策演变历程可以看出，两岸采用了一些相同或相似的政策举措；但鉴于两岸在资源禀赋、技术条件以及所处发展阶段等方面的差异，两岸电子信息产业政策在不少方面又有所不同。

（一）电子信息产业政策的目标不同

大陆电子信息产业政策目标：发展现代电子信息产业体系，产业发展要体现产业的完整性和系统性；台湾电子信息产业政策目标：电子信息产业升级与产业创新，不断提高电子信息产业的竞争力。

（二）电子信息产业政策重点范围不同

大陆的电子信息产业政策除鼓励发展创新之外，还鼓励企业转型以及淘汰落后产能。《产业结构调整指导目录》中明确将电子信息产业分为鼓励类、限制类和淘汰类。2003年以来，盲目投资与产能过剩问题引起政策部门的高度关注，政府相继出台了一系列的产业政策以抑制盲目投资和产能过剩。台湾的政策重点主要集中在产业创新与产业融合上。

（三）电子信息产业政策实施手段的差异

大陆产业政策的实施，既有经济和法律手段，也广泛使用市场准入、项目和供地审批、贷款行政核准、指导目录、强制性淘汰落后产能等行政性手段。《国务院关于当前产业政策要点的决定》《90年代国家产业政策纲要》中都明确指出，产业政策的实施要运用经济的、行政的和法律的手段；《国务院关于进一步加强淘汰落后产能工作的通知》中也要求，综合运用法律、经济、技术及必要的行政手段，确保按期实现淘汰落后产能的各项目标。台湾产业政策的实施主要依靠强制和经济手段，行政手段起配合和辅助作用。而且，在经济手段的运用上，大陆目前财政资金支持和税收减免仍占有较大比重；台湾目前则更多地使用创新活动补助或辅导培育人才、提供技术等环境建设举措，引导企业发展。

（四）电子信息产业政策形成机制的差异

大陆出台产业政策，往往先是国务院根据对产业发展形势的判断出台相关决定，明确战略意图；然后再由相关部门按照决定的要求制定具体的政策措施，作为规范性文件颁发施行，或以规划的方式引导产业发展，在国务院职责范围内即可完成。比如《国务院关于当前产业政策要点的决定》《国务院关于加快培育和发展战略性新兴产业的决定》，相关部门依据这些决定的要求，分别或联合制定了一系列实施办法、专项产业发展政策或专项规划。台湾出台产业政策，往往是行政主管部门制定条例草案，函请台湾当局审议通过后成为具有约束效力的地方规定（三大条例），然后行政主管部门及其下属相关部门再依据规定要求制定实施细则和具体事项的实施办法。

三、统筹协调两岸电子信息产业政策

受国内外市场形势变化的影响，两岸电子信息产业政策在引导和鼓励产业发展的同时，也导致个别领域出现产能过剩，从而引起两岸竞争。具体表现在太阳能光伏、液晶显示器等产业领域。在太阳能光伏领域，大陆产量全球第一，台湾产量全球第二。德勤《2013 年大陆清洁技术行业调查报告》数据显示，2013年上半年以来，大陆光伏业产能达 40GW（百万千瓦），实际出货量仅 11.5GW。过剩的产能导致价格下跌，2012 年单价下跌 50%，2013 年价格进一步下跌，进而引起业内企业亏损和倒闭。液晶显示器领域呈现出结构性产能过剩，大尺寸面板出现产能过剩和价格下降。在此领域，台湾 2012 年产值达 300 亿美元，全球第二；大陆 2012 年 65 亿美元，全球第四。至 2015 年，大陆 8.5 代面板厂将达到 8 座，加上台湾，两岸 8.5 代面板厂将从目前的 6 座增加到 12 座。在全球产能过剩的大背景下，两岸高世代面板行业的竞争将更加激烈。

综上所述，得出以下三点启示：其一，恰当的电子信息产业政策是促进电子信息产业发展的必要和有效手段；其二，电子信息产业政策制定和实施过程中，也可能造成过度投资、恶性竞争等一系列的问题，核心是处理好主管部门与市场的关系；其三，台湾以功能性产业政策为主，大陆则以选择性产业为主，大陆可以借鉴台湾电子信息产业政策的经验，从对微观主体的直接干预转向营造有利于产业升级和创新的、更加公平和开放的市场环境。为深化两岸经济合作、推进两岸产业协同发展，两岸在产业政策领域应该加强交流、协商统筹。为此提出以下建议：

1. 提高两岸协商层次，建议建立两岸高层级的经济与战略对话协商机制，协商处理可能出现的两岸电子信息产业竞争问题，规划和协调未来的产业发展方向。

2. 在电子信息产业、高端设备制造、精密机械等领域，两岸垂直分工，形成两岸产业链的合作，据此确定各自的产业重点和方向。

3. 建议两岸松绑或取消相互投资领域限制和相互投资入股比例限制，鼓励两岸双向自由投资、两岸企业双向交叉持股，充分依靠市场力量和各自优势，在两岸形成特色各异、相互补充的产业群。在两岸间，鼓励股权合作或业务合作模式，形成上、下游企业间稳定的产业链分工与合作关系。

‖交流与合作篇

第八章 两岸电子信息产业双向投资

从 20 世纪 60 年代开始，亚洲的韩国、新加坡、中国台湾和中国香港先后三次承接以美国、日本为主的发达国家的产业转移，成功使其自身产业结构递次向劳动密集型、资本密集型、资本与技术密集型产业过渡，从而步入或接近了发达经济体的行列。在"亚洲四小龙"经济快速发展的阶段，信息技术（IT）产业的崛起为其经济继续腾飞奠定了坚实的基础。20 世纪 80 年代初，世界上第一台个人电脑（Personal Computer，PC）的问世及其开发应用，标志着 IT 产业的发展进入了以 IT 产品相互兼容和规模生产为特点的全球化分工协作的新阶段。美日等发达国家的大型电脑厂商为了大规模地扩大生产和抢占市场，利用发展中国家和地区廉价而丰富的劳动力，掀起了 IT 产业第一次大规模的国际间转移和技术扩散的高潮。而工业化进程走在前列的中国台湾地区，以其较完善的投资环境、低廉的劳动力优势和对外开放政策，吸引了跨国公司的投资，抢先获得了大部分电脑零组件和周边产品的分包及代工的机会，逐步发展成为全球重要的电脑硬件制造基地。然而，随着 IT 产业发展不断加速及劳动力和土地成本逐渐提高的矛盾进一步加大，台湾 IT 产业面临产业调整的压力，启动对外开放政策不久的祖国大陆则成为其首选的产业转移对象。台湾 IT 产业从 1988 年开始向大陆进行试探性投资，带来了技术和资金，在华南地区集聚并逐步形成了电脑硬件生产、加工基地，加上电子信息产业（ICT）中的制造企业积极引进先进技术，向 IT 产业过渡，实施进口替代战略，从而建立了大陆 IT 产业的雏形，并开始与全球化生产体系接轨。

第一节　台商投资大陆的历史演进

一、台商投资大陆的阶段划分

（一）台湾 ICT 制造业对外投资的探索阶段（1992 年及之前）

从台湾对外投资的总体进程来看，以制造业为强项的台湾地区，在这个阶段还是以本地制造为主，鲜有对外投资项目。台湾有关方面的统计资料显示，1992 年之前，在 26 项制造业分类中，仅有 10 项进行了对外投资，其中以食品制造、纺织业、木竹制品制造和化学材料制造 4 项制造业为主，基本属于低端、劳动密集型和基础材料加工型的制造业投资。

而 20 世纪 80 年代末，政治环境和宏观经济环境都在发生深刻的变化。首先是台湾当局首度开放民众到大陆探亲，大陆积极回应，欢迎台胞回祖国大陆探亲、旅游，两岸交流渐入佳境。其次，随着新技术的不断开发，IT 产品的应用领域不断地扩展，世界各地的需求急剧增加，这为 IT 产业的加快发展提供了千载难逢的机遇。但此时的台湾地区却出现了劳动力、土地资源短缺，工资、地价飞涨的难题。为了寻求出路，台湾地区 IT 企业纷纷在大陆和东南亚地区寻找产业转移的对象。1988 年，国务院为促进大陆和台湾的经济技术交流，制定了《关于鼓励台湾同胞投资的规定》（简称 "22 条"），为台商来大陆投资提供了法律保护；加之大陆在人文、地缘、劳动力和土地资源以及政局稳定等方面的优势突出，台商更倾向于在大陆投资。因此，在 1991 年和 1992 年两年时间中，台湾对大陆的电子零组件制造业和计算机、电子产品及光学制品制造业投资项目就达到了 50 项，投资金额超过 3000 万美元。此时，台商对大陆 ICT 制造业的投资初见端倪。

（二）台湾 ICT 制造业对大陆投资的加速阶段（1993～1999 年）

随着台商向岛外产业转移速度的加快，他们也加快了投资大陆的步伐。尤其是 IT 产品完成了前期的技术试验阶段，正式进入普及性消费的阶段，也为台商在 ICT 制造业方面提供了更多的市场机会。从台湾投资大陆的数据也可以看出来，从 1991 年到 1999 年，台商对大陆投资主要是对制造业的投资，投资项目占总投资项目的八成以上，投资额保证在总投资的九成以上。其中 ICT 制造业的投资从 1993 年开始，在制造业中的投资份额稳步提高；在 1998 年呈现井喷态势，占制造业投资的三成以上；直到 1999 年仍然继续保持高位投资态势，ICT 制造业投资件数占到台湾对大陆总投资近 1/4 的份额，投资金额超过了台湾对大陆总投资 1/3 的份额。由此，我们可以判断，这个阶段是台湾 ICT 制造业对大陆投资最为关键的阶段，为后面的持续性投资奠定了坚实的基础。

表 8-1　1991～1999 年度台商投资大陆情况统计　（单位：件，千美元）

年度	总投资		制造业小计		ICT 制造业	
	件数	金额	件数	金额	件数	金额
1991	237	174158	235	173058	27	18921
1992	264	246992	262	246382	23	12797
1993	9329	3168411	8432	2955618	744	251487
1994	934	962209	810	886492	89	89033
1995	490	1092713	409	998576	53	157064
1996	383	1229241	322	1115905	42	203488
1997	8725	4334313	7756	3902660	780	597170
1998	1284	2034621	1124	1830689	180	623089
1999	488	1252780	422	1166098	121	425558

资料来源：根据台湾有关方面资料计算完成（下同）。

（三）台湾 ICT 制造业对大陆投资的调整阶段（2000～2003 年）

从 2000 年至 2003 年台商投资大陆的情况统计看，单年 ICT 投资件数最高达到 550 件，单年投资金额最高达到 21.5 亿美元。从投资比例来看，ICT 的单项投资占总投资数量的比例一度超过 28%，占制造业数量的 34% 以上；投资金额占总投资金额的 42% 以上，占制造业金额的 46% 以上。同时，这个阶段 ICT 投资数量和金额与总投资的数量和金额并未出现完全一致的发展趋势。在 2002 年，尽管 ICT 投资的总量呈现上升情形，但投资的数量和金额占比呈现双双下调的情况。2003 年，ICT 投资的数量和金额同比都略有下调，同时还延续了投资占比双双下调的趋势。因此，可以判断，2000 年至 2003 年之间，尽管台商对大陆的投资稳步提高，但 ICT 制造业的投资已经处于加速发展过后的一个高位调整阶段。

表 8-2　2000~2003 年度台商投资大陆情况统计　（单位：件，千美元）

年度	总投资		制造业小计		ICT 制造业	
	件数	金额	件数	金额	件数	金额
2000	840	2607142	692	2384246	241	1111124
2001	1186	2784147	879	2513959	320	1093507
2002	3116	6723058	2517	6077594	550	2150239
2003	3875	7698784	3084	6807514	519	1792273

（四）台湾 ICT 制造业对大陆投资的稳固阶段（2004~2007 年）

经历了上一个投资阶段的调整，台商对大陆的投资趋于稳定，尤其是 ICT 制造业的投资比重越来越大，投资金额基本稳定在四成以上的比重。从 2004 年开始，台商投资大陆的项目数量并未增加，但投资金额却逐步上涨，平均单件投资的金额在 2007 年超过 1000 万美元。与之相对应的 ICT 制造业的单件投资金额相对前一个阶段都呈现翻番的态势，2007 年平均单价投资金额超过 1700 万美元。因此，可以判断这个阶段是台商对大陆 ICT 制造业的投资带动了投资总额的上涨，ICT 投资单项金额的增加使得总投资的单项金额增加，也说明 ICT 制造业的投资进入稳固阶段，为今后在大陆继续发展 ICT 产业奠定了基础，也为扩大 ICT 制造业的范围和服务范围提供了保障。

表 8-3　2004~2007 年度台商投资大陆情况统计　（单位：件，千美元）

年度	总投资		制造业小计		ICT 制造业	
	件数	金额	件数	金额	件数	金额
2004	2004	6940663	1284	6284971	315	2622205
2005	1297	6006953	901	5281921	202	2093603
2006	1090	7642335	774	6649291	205	3090697
2007	996	9970545	652	8765998	240	4114671

（五）台湾 ICT 制造业对大陆投资的起伏阶段（2008~2012 年）

从 2008 年开始，美国爆发金融危机产生蝴蝶效应，欧债危机和全球的经济危机随之而来，给全球的消费市场造成破坏性的冲击，也给大陆的制造业造成重创。尤其是在大陆东部沿海地区，以制造业为主，同时主要是出口外销的产业，一时间工厂停工、工人闲置，企业主在短时间内已经有恐慌心理。在这个阶段，台商对大陆的投资呈现先迅速下降，而后逐渐恢复的态势。在 2008 年和 2009 年两年间，投资数量有明显下降，2010 年后开始恢复，投资数量和金额都重新回归高位。再来看 ICT 制造业的情况，投资件数相对之前也是迅速减少，2008 年和 2009 年两年的投资件数不到 200 件，投资金额也下滑很多；从 2010 年开始，ICT 制造业的投资数量再次回到 200 件以上，投资金额在 2010 年迅速回升，全年投资超过 600 亿美元。值得关注的是，2012 年，投资数量和金额又再次下降。因此，在 2008 年至 2012 年这个阶段，台湾 ICT 制造业对大陆的投资起伏不定，这与国际宏观经济环境有关，与大陆调整产业结构也有很大关系。

表 8-4　2008～2012 年度台商投资大陆情况统计　（单位：件，千美元）

年度	总投资		制造业小计		ICT 制造业	
	件数	金额	件数	金额	件数	金额
2008	643	10691390	401	8761185	194	3835218
2009	590	7142593	404	5892078	141	2820697
2010	914	14617872	576	10840822	203	6089798
2011	887	14376624	570	10375391	202	5017747
2012	636	12792077	325	7518803	94	3470478

二、台商投资大陆各阶段特点

（一）第一阶段特点（1992 年及之前）

在这个时期，台商投资大陆以中小企业为主，投资规模不大，投资地点从最开始的福建省延伸到大陆沿海开放地带，涉及的行业较前期广泛，投资形式多样化。台商投资的这个时期在产业种类上主要以劳动密集型传统产业为主，尽管涉及的行业较广，但多半是技术层次低、附加价值有限的传统产业，如制鞋、成衣、玩具等，多属于一般加工型产品的劳动密集型行业。少有的一些 ICT 制造业投资，也是以电脑整机周边产品和上游配套产品为主，尚未开始整机带动的投资。

（二）第二阶段特点（1993～1999 年）

随着台商投资的进一步深入，台商除继续投资电子电器制造业、基本金属及其制品、塑料制品、化学制造和食品饮料外，还扩大了对娱乐、商业、房地产、金融服务等第三产业的投资，并开始涉足基础设施和能源开发等领域。在20世纪90年代初，台湾电子信息业逐步将部分低技术层次的零部件移到大陆生产，像键盘、鼠标、机壳等都是登"陆"较早的项目；且随着祖国大陆经济的开放，其又逐渐扩展到以浦东为中心的长三角经济区及北京、天津等大城市。这个时期从投资主体看，台湾厂商由以往单打独斗转为集体合作，从单纯的委托加工变为共同参与，联合上、中、下游相关产业配套进行；投资策略也更为积极，由最初的"跑、带"战略转变为"生根"战略，签约期限一般都在40年以上，大陆稳定的政策导向让台商坚定了长远投资的打算。

（三）第三阶段特点（2000～2003年）

这一阶段的投资规模逐步向大型化发展，投资的主体也扩展到财团型企业。这一阶段的投资热潮来势凶猛，表现出单项投资金额大、资金到位率高、投资产业相对集中、投资地域相对集中等特点。2000年台湾厂商赴大陆投资最多的是电子及电器产品制造业，金额总计达5.3亿美元，占42.92%；居次的是金属工业，有1.05亿美元，占8.34%；其余较重要的行业尚有塑胶制品制造业、食品饮料业、精密器械业等。这个阶段进入大陆的电子信息类产品层次迅速提升，显示器、附加卡、主板、台式电脑等产品移至祖国大陆生产的速度成倍增长。另外，笔记本产业、数码相机产业也积极准备向大陆投资。据台湾《自由时报》报道，此时，台湾上市资讯电子公司一半以上都已在大陆设有子公司，居台湾赴大陆投资行业的第一名。这个阶段的投资区位主要分布于江苏省、广东省，台资逐步退出中心大城市，向周边地区发展，如东莞、苏州、昆山、宁波已成为台商的群集之地，其吸引力已超过了相近的广州、上海、南京。

（四）第四阶段特点（2004～2007年）

由于大陆开放程度不断加深，投资环境不断改善，内陆地区独特而厚重的文化氛围、优雅的人文环境使得这一阶段的投资区位逐渐从珠江三角洲发展到长江三角洲、环渤海产业区和中部地区，而且在这一阶段，岛内的上市公司成为投资主流。根据相关资料，1999年资产排名前50位的大集团中，在大陆设立子公司的集团有25个。尤其是台塑、鸿海、华新丽华、富士康、华硕及宏碁在大陆设立的子公司较多，所涉及行业有化学制品业、金属制品业、电子器材业及IT业。此外，这一阶段投资特点是以掌握先进技术的大型企业为产业集聚核心，带动其他企业分工合作，上下游联动，向配套完善的台资产业集聚，并向针对引入境外资金有优惠政策的地区集聚。最早农业产业以现代农业园区（海峡两岸农业合作实验区以及台湾农民创业园）的投资开发为主，后来在加工制造业上集中投资于配套设施完善、上下游产业链有紧密联系的工业园、高新技术开发区。

（五）第五阶段特点（2008～2012 年）

这个阶段可以说是国际经济形势最为复杂的阶段。2008 年大陆的宏观经济政策就因为国际经济形势的巨大变化而进行了重大调整。在这个阶段，台商投资大陆的结构也发生了很大变化，制造业比重从 2008 年的 81.2%下降到 2012 年的 76.3%，5 年下降了 5 个百分点。台商投资区域也从东部沿海地区开始向大陆内陆地区逐步转移，甚至有台商企业向东南亚地区转移。这个阶段面临的主要问题是劳动力成本迅速提高、土地成本增加、土地资源减少、原材料价格上涨，以及国际外销市场持续疲软，给原本利润率低的制造企业带来了很大压力。从台商投资和发展的情况来看，一些专注于研发设计、内销渠道拓展的企业在这个阶段发展的势头良好，而完全依赖外销的企业发展乏力。同时，很多服务企业在这个阶段异军突起，投资力度超过了原来的制造型企业。

三、小结

从 1988 年两岸正式开放台湾居民和企业可到大陆投资以来，台商在大陆的发展突飞猛进，一些原本基础弱、条件差的企业依托大陆的要素资源优势得到了很好的发展，很多企业在大陆的投资额已经超过了在其他地区和国家的投资额，大陆台商的发展速度也远远高于投资在其他地区和国家的企业的发展速度。可以说，台商投资大陆，充分利用了两岸优势互补、互利互惠的条件，为两岸经济的发展做出了巨大贡献。随着投资数量和金额的增加，投资的产业也逐渐升级，从原有的传统产业逐步向高科技类的 ICT 产业升级。

第二节　台商投资大陆的区域布局

在大陆巨大的市场、低廉的劳动力成本、丰富的自然资源等有利因素的吸引之下，一些台商开始向大陆投石问路。经过一段时间的经营，台商发现在大陆投资不仅有以上有利因素，而且语言、文化又共通，过去政治上的顾虑大多已不存在。于是很多台湾投资者纷纷赴大陆投资，甚至一些在东南亚设厂的台商也移师大陆。[①]

珠江三角洲（简称"珠三角"）因毗邻香港和澳门，是我国大陆改革开放的前沿阵地，也是台商投资大陆的首选之地。之后，台商从珠三角北扩至长江三角洲（简称"长三角"），再向环渤海湾、中西部及大陆其他地区扩散。台商对大陆的投资从"点"到"面"扩张，逐步遍及大陆各个区域和各个行业，而其中，以台湾的电子信息产业为支撑的科技类产业投资更是大放异彩。

一、投资前期抢滩"珠三角"

台商在大陆改革开放的初期重点投资珠三角。由于政治和历史的原因，香港成了两岸民间经济交往最为方便的通道，而邻近香港的珠三角的深圳、东莞等城市，以其特有的区位和政策优势，以及大量的消费类电子、塑胶、五金配件等"三来一补"和"三资"企业的产业配套优势，成为台湾IT企业在大陆投资的第一个热点，并形成了大陆最早的台资IT产业。

从1998年度台商在大陆的分布情况我们也能看出，全国超过50%的台商集中在东莞和深圳两地，其中IT企业超过七成聚集在这里，东莞和深圳率先开放的政策以及便利的劳动力和土地资源直接吸引了台商投资。根据有关资料，1992年以前珠三角地区吸收的外来IT产业投资主要来自我国台湾和香港地区；1992年以后，随着对外开放的进一步深化，出现了境外投资来源地多元化的趋势，外来IT企业集聚，迅速形成了以深圳、东莞为辐射中心的珠三角IT产业带。1998年深圳有IT行业台商354家，东莞有IT行业台商572家，分别占大陆IT行业台商总数的27.29%和44.1%。东莞IT企业门类齐全，形成具有规模的电脑硬件加工制造基地，生产电脑硬件中95%的元件和配件。2000年，东莞产品在全球市场占有相当的份额：电脑磁头、电脑机箱占40%，覆铜板、电脑驱动器占30%，电容器、行输出变压器占25%，扫描仪、微型马达占25%，电脑键盘占16%，电脑主板占15%。以至当时IT业界流传着这样一句话：东莞一堵车，世界电脑业就发抖。在世界四大电脑展中，东莞国际电脑资讯产品博览会当时的规模、成交量和影响力大有超越排名第三位的台北电脑资讯产品展

---

① 施祖麟，黄涛. 台商对大陆投资特点的实证分析与发展展望. 清华大学学报（哲学社会科学版），2007年第4期（第22卷），第137页。

的势头。[①]

表 8-5 1998 年台在大陆 IT 企业在大陆各主要集聚地的分布状况

城市	台商企业总数	地区分布比例（%）	其中 IT 企业数	IT 企业分布比例（%）
东莞	2545	28.99	572	44.10
深圳	2141	24.38	354	27.29
上海	1320	15.03	143	11.03
广州	580	6.61	39	3.01
佛山	288	3.28	14	1.08
惠州	286	3.26	61	4.70
中山	279	3.18	24	1.85
天津	239	2.72	14	1.08
福州	219	2.49	9	0.69
昆山	194	2.21	14	1.08
苏州	190	2.16	16	1.23
宁波	168	1.91	16	1.23
杭州	122	1.39	9	0.69
无锡	108	1.23	6	0.46
南京	101	1.15	6	0.46
合计	8780	100.00	1297	100.00

资料来源：杨建梅，冯广森. 东莞台资 IT 企业集群产业结构剖析. 中国工业经济，2002 年第 8 期.

二、发展壮大北上"长三角"

长三角是在第二波台商投资大陆热潮中凸显出来的两岸产业合作新集中区。在吸引台商投资方面，长三角在地理条件、基础设施、经济规模、人才资源等与投资经营环境密切相关的方面拥有相对优势。长三角吸引台商的魅力，主要集中在电子信息等科技产业，以及地区基础设施、产业配套能力、台商投资产业链的成熟度等方面。

在长三角，上海由于其不可替代的经济地位和辐射作用，扮演着"领头羊"的角色。上海主要以金融业、现代服务业和高科技制造业为重心，并且在信息、航运、交通、配套设施等方面能为当地的国际企业提供强大的综合性服务。与

[①] 杨建梅，冯广森. 东莞台资 IT 企业集群产业结构剖析. 中国工业经济，2002 年第 8 期，第 45 页.

上海不同，江苏台资企业的发展以相关产业配套的产业链为模式。台商在江苏投资的产业主要是电子信息、机械制造、医药化学、食品等。江苏的昆山已有"小台北"之称，这里的台商与数量之多由此可见一斑。而昆山能够吸引台商，过去是靠近上海的地利，后来则是完整的产业链。相比之下，浙江省的台商投资产业层次相比其近邻的粤、苏、沪地区依然偏低，但伴随着长三角台商投资布局的发展变化,电子信息产业和精密机械正在成为浙江省台商投资的新领域，而且投资规模正在向大型化方向发展。在苏州工业园区，有台湾的联咏、奇景光电、瑞昱等一大批企业所形成的电子产业集群。在上海张江高科技园区，浦东微电子产业带内境外资金总投资金额达 100 亿美元，拥有中芯国际、宏力、华虹 NEC 等众多国际知名大厂，已成为大陆晶片产业的第一重镇。台商投资北上长三角，尤其是在台湾上市上柜的企业和拥有高端技术含量的科技型企业的投资热情高涨。

自 20 世纪末以来，台商对长三角地区的投资，不管是投资总量还是平均项目规模都不断加大，这主要是因为台湾地区大中型企业，特别是上市上柜公司加大了对该地区的投资。但受全球金融危机的影响，2009 年和 2010 年合同台资金额和实际利用台资金额略微下降。据台湾有关方面数据，2012 年台商对长三角地区投资 297 件，较 2011 年的 364 件下降了 18.4%；核准金额 66 亿美元，较上年同期增长 9.8%。虽然投资件数少了，但总金额却多了。台湾有关方面公布的资料显示，1993 年，台商在粤、闽两省的投资占其投资大陆总额的 48% 左右，苏、沪两地则为 26%；但到 2004 年，数字逆转，前者占到 28%，而后者升至 55%。据台湾有关方面的统计，从总量上看，2004 年选择江、浙、沪地区为投资地的台资已经占到对大陆投资总额的 2/3。

表 8-6 1991～2012 年度台商投资长三角情况统计 （单位：件，千美元）

年份	上海		江苏		浙江		长三角合计	
	件数	投资额	件数	投资额	件数	投资额	件数	投资额
1991	19	21138	9	3260	3	193	31	24591
1992	17	15596	25	18793	10	16756	52	51145
1993	1047	410698	970	422609	485	124843	2502	958150
1994	141	157671	123	234143	62	62802	326	454616
1995	89	224160	74	170612	27	57425	190	452197
1996	65	243843	64	298148	21	32754	150	574745

年份	上海		江苏		浙江		长三角合计	
	件数	投资额	件数	投资额	件数	投资额	件数	投资额
1997	940	588481	851	658816	447	195277	2238	1442574
1998	178	286292	146	408459	46	85811	370	780562
1999	70	151201	99	323807	27	78984	196	553992
2000	163	321066	225	930557	36	68671	424	1320294
2001	297	376245	314	1046346	72	208485	683	1631076
2002	568	949230	639	2223082	171	511553	1378	3683865
2003	641	1104296	815	2601103	215	607721	1671	4313120
2004	269	1174993	370	2486757	95	689461	734	4351211
2005	203	1017513	332	2349104	79	484800	614	3851417
2006	190	1041794	283	2887247	52	590997	525	4520038
2007	138	1440221	279	3841901	56	690793	473	5972914
2008	112	1704127	158	4229113	30	611883	300	6545122
2009	81	955000	158	2746633	39	592180	278	4293813
2010	137	1961340	230	5501825	51	722624	418	8185789
2011	108	2175859	204	4425885	52	724465	364	7326209
2012	132	2147704	141	3456009	24	1003982	297	6607695

资料来源：台湾经济主管部门相关机构。

三、转型升级布局"中西部地区"

随着人民币升值、我国新劳动法导致劳动力成本上升，而企业生产效率却得不到提升，珠三角地区的台商身处产业升级大浪中，许多企业面临着是留下来产业升级，还是向外地迁移的选择。大陆幅员辽阔，东中西部发展不平衡，区域之间差异相对较大，为台商的产业转移提供了很大空间。同时，随着大陆经济发展，基础建设逐步完善，中西部的基础条件也逐渐优化，这些地区还聚集了大批的高等院校和科研单位，其中大多都是电子设计行业，为台商 ICT 制造业的转移提供了良好的基础。因此，向中西部转移投资，成了 2008 年以后的一个新趋势。

2008 年后，全球代工龙头企业富士康先后在重庆、成都、西安、郑州等地积极布局，全面投资。2010 年，已有宏碁、华硕、富士康、广达、英业达、仁宝、纬创、和硕等台湾知名 IT 企业布局重庆，重庆已成为吸引台商投资最为密集的地区之一。从台商投资大陆 ICT 产业的区域分布情况看，2008 年后，上海、江苏、浙江的投资数量占比急剧下降，而重庆和四川的投资数量占比迅速提高。

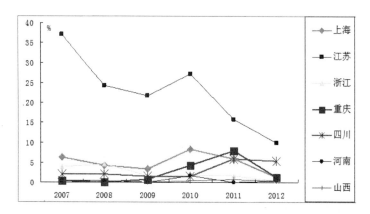

图 8-1　2007～2012 年台商对大陆 ICT 制造业投资数量分区占比

从投资金额的占比来看，变化更为明显。以重庆和四川两个地区的投资金额占比来看，2007 年，两个地区台商对 ICT 产业投资额占对大陆投资总额的 1%，2008 年这个比例完全没有提高，但 2009 年突然提高到 2%，2010 年占比达到 5%，2011 年冲高到 15.7%。由此可见，台商 ICT 制造业向中西部转移已经成为一种趋势。

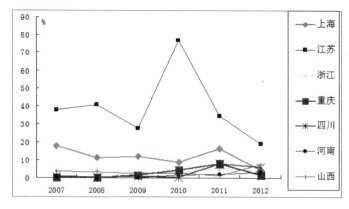

图 8-2　2007～2012 年台商对大陆 ICT 制造业投资金额分区占比

四、小结

从之前台商投资大陆的区域分布变化来看，台商主要还是依据成本导向进行投资地的选择。20 世纪 80 年代末至 90 年代，台商聚集广东省东莞市，投资类型主要为劳动密集型传统产业。随着改革开放力度的加大和深圳的发展，台商在深圳、东莞两地形成了 ICT 制造业的投资基地。

20 世纪 90 年代后期，因台湾产业升级及台湾当局推行所谓的"两头在内、中间在外"的政策，台湾高新科技企业（其中相当一部分为电电公会会员）开始公开进入大陆投资设厂，进行低端制造。投资类型以制造业为主，逐渐向其他行业扩展。

2000 年后，大中型台资企业纷至沓来，在东莞掀起了新一轮的厂房圈地行动，涵盖了电子信息、通信设备、纺织服装、塑料五金和家具等 30 多个行业。同期，台企向长三角扩散，尤其是以上海为龙头的 ICT 制造业投资力度大、档次高，相对珠三角地区有更迅猛的扩张势头。

2003 年后，台资企业继续北扩，向环渤海湾及全国各地扩散。投资领域涉及制造、服务、金融等各行各业。在 2008 年金融危机后，全球经济出现大洗牌，以往完全依靠外销的企业经营状况每况愈下，而提前布局大陆内需市场的企业则很好地转型。这一阶段，台商向中西部地区的投资趋势非常明显。

至此，台商基本完成了在大陆的产业布局。下一步如何深化产业升级，将制造业与服务业结合起来，共享大陆巨大的内需市场，是台商进一步考虑的问题。

第三节　台商投资大陆的驱动因素

20 世纪 90 年代以来，台湾经济环境压力增大，诸如劳动力成本提高、本币升值、地价暴涨等一系列问题使得岛内企业难以生存。这样的背景直接催生了台商投资祖国大陆的强烈动因。台商投资大陆经历了由南到北、由东向西的过程。这些变化由背后的因素所驱动。

一、投资初期要素驱动

20 世纪 80 年代，台湾岛内投资环境急剧恶化，疲软的市场需求与狭小的投资空间、高涨的工资水平，以及岛内货币升值等形成了巨大的矛盾，给产业的持续发展带来了阻力。受 1979～1980 年第二次石油危机的影响，油价高涨，引发了一般物价水平上涨，推动了工资及土地的涨价。劳动成本的增加对于技术层次偏低、附加值不高的劳动密集型产业影响相当大，因而岛内企业纷纷寻找劳动力充足、工资低廉的国家和地区维持生存和发展。从当时两岸的人均收入差异能够看出来，大陆的城镇人均收入相当于台湾的近 1/20，相对于当时岛内的工资水平，可以称得上是廉价。

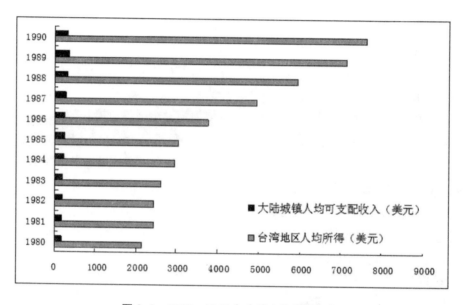

图 8-3　1980～1990 年台湾人均所得变化

　　外部压力表现在，新台币兑世界主要货币的汇率从 1985 年开始逐步升值。其中新台币兑美元从 1982 年的 40 升值到 1989 年的 26.17，升值 34.6%；新台币兑英镑则从 1982 年的 64.9 升值到 1989 年的 42.45，也升值 34.6%；新台币兑德国马克则升值较少，为 7.3%。由于台湾地区主要的出口市场在欧美国家，因此新台币兑美元和英镑的巨幅升值使得台湾的出口竞争力急剧减退，台商在岛内投资意愿低落，加速厂商外移。

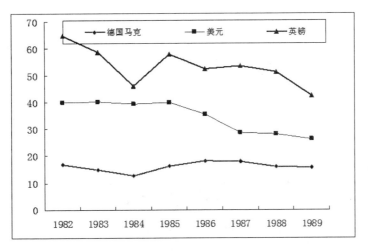

图 8-4　1982～1989 年新台币兑主要外汇汇率变化

20 世纪 80 年代，大陆有丰富的劳动力和大片可以利用的土地，在资金方面，台商正好弥补空缺，因此以出口为导向的企业就近选择在广东和福建的沿海城市进行投资。

二、产业链逐步完善带动的聚集优势驱动

在工业时代，企业不可能独立完成一个产品从原料到成品的所有流程，而是只能专注于这个产品的某一个环节，其他环节必须由其他企业来完成。因此，企业生产必须有一个上下游的产业链的支持以及其他相关产业的配合。20 世纪 80 年代，台商投资的重点区域广东和福建沿海地区都是大陆经济最不发达的地区，深圳当时是一个渔村，而厦门经济建设几近荒废，因此电子产业发展所需要的必要的产业配套基本没有。因此，当时在大陆投资的 ICT 制造业台商只能采用"三来一补"的方式进行生产，所有生产所需要的原料、配料都由进口来解决，在大陆完成简单的装配，然后再出口到世界各地，这也是台商前期投资只考虑成本的一个原因。

世界各主要国家和地区电子业对大陆的投资，带来了相关产业和支援产业的飞速发展；特别是随着台商电子业对大陆投资的深入，具有整机代工特点的大企业开始在珠三角和长三角投资，同时带动上下游关键产业投资大陆，以相互支援、协调配合、接近市场，并节约产业发展成本，获取更高的利益。台商 ICT 行业的代工产业是世界一流的，其突出的特点是生产规模大、用工多、代

工费低，而这些在大陆正好可以将其特点发挥到极致。从投资初期成本导向的投资动机来看，大陆"劳工充沛，工资低廉"一直位居第一位。其次是土地供应和价格。台湾岛内土地面积狭小，而随着经济的发展，制造业对土地的需求不断增加，导致台湾土地价格节节升高；而大陆工业用地供给充裕，城镇土地使用权已可以正常流转，各省市各类工业园区多达3800多个，这些经济园区为台商投资提供了较好的硬件设施。据"台北市计算机公会"的资料显示，祖国大陆土地的成本仅为台湾的1/100～1/50，厂商建厂成本为台湾的1/10。其他基础设施建设，包括高速公路、港口、机场等硬件设施和海关快速通关等软件设施也日益完善，能够满足台商ICT制造企业大规模生产和快速物流的要求。台商ICT制造企业在这个时期正是通过不断降低生产成本来不断提高自己的竞争力的。这种方式迅速扩散，大企业、大项目都通过在大陆的投资，和大陆的竞争优势结合在一起，并在取得巨大的成功之后，自发形成了规模效应。

从电子信息产业实际的发展历程来看，随着台资电脑企业纷纷来大陆设立加工厂，逐渐形成以大企业为中心，大量专业化分工协作的配套企业、关联企业、下游企业一体进驻的格局，产业合作网络初步形成。在苏州，以新区为中心，产业供应链也日趋完善，形成了产供销研等一体化的完整的产业集聚链条，方圆25千米以内已形成个人电脑90%以上的配套能力。在昆山落户的ICT制造企业超过了500家，投资逾30亿美元。而相关产业和支援产业的发展与强大，又形成了强大的竞争优势，吸引了更多台商ICT制造企业的进驻，进一步说明台商ICT制造企业在大陆的投资在珠三角和长三角形成了产业集聚。台商对大陆投资规模的扩大，一方面取决于成本导向，另一方面则取决于产业配套和集聚程度的提高。

三、市场导向的区域性战略布局

2001年后，我国依据世界贸易组织（WTO）条款开放了巨大的内销市场。面对13亿的庞大消费群体和日益增长的购买力，部分台商电子企业也和欧美企业一样开始转变策略，更加重视内销市场。尤其是在2008年全球金融海啸的影响下，美国、欧洲等传统ICT出口市场都遭到了重创，政府缩减财政预算，消费者缩减日常开支，外销市场急剧萎缩；相反，大陆的市场在政府的强势推动下快速发展，比如家电下乡、家电以旧换新等政策陆续出台，同时组织采购团赴台采购，为台企、台商开拓内销市场带来福音。

总体上看，大陆人口多，市场发展还不够成熟，消费需求潜力很大，市场增长的纵深空间都非常巨大。长期以来，大陆消费率严重偏低并持续走低，20世纪80年代保持在65%左右，进入90年代逐渐下降到60%左右的水平，2003年仅为35.8%。即使到2012年，也就是"十二五"规划的第二个年头，大陆消费率也仅为55%。自2000年以来的短短十几年间，消费率整体下降了10多个百分点。与消费率低相对应的是高储蓄率，截至2012年，大陆居民储蓄超过39.9万亿元，占当年GDP的77.4%之多。对比台湾的消费水平（台湾消费率基本保持在70%左右），大陆市场如果能更充分地发展，达到台湾的消费率水平也就需要提高超过10个百分点，按照GDP规模来计算，差不多是5万亿元的空间。很多台商都看到了这样的机遇，很早就开始探索内销市场，2008年金融危机过后，定位内销市场的战略转型进一步扩大化。

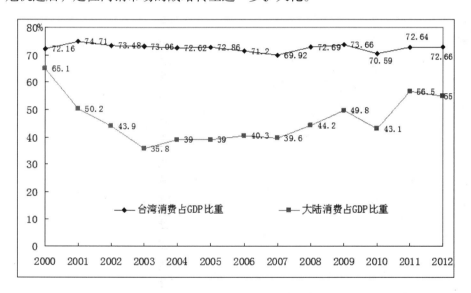

图8-5 2000～2012年两岸消费率比较

为了更加迅速地接近客户，满足内需市场的需要，友达是最早到大陆设置后段面板模组的公司，目前在苏州、上海松江及厦门有三大模组制造基地，产品涵盖大中小尺寸面板，所有产品都是从台湾友达进口面板，然后组装、测试后销售给当地生产显示器和电视机的企业。友达执行副总彭双浪指出，"2008年友达在大陆的面板出货量成长了303%，2009年还将成长441%"。根据市场调查机构Display Search的统计资料，2009年1～4月，友达出货到大陆的液晶面板数量，从单月 35 万片提升到 58 万片，而且还在持续增加中。这也可以看出家电下乡等激励措施对大陆市场产生了明显效果。台湾另一家大集团——鸿海集团（大陆公司为富士康）在 2006 年就开始在大陆重新布局，在江苏、山西、山东、河南、湖北都设有工厂，将深圳龙华厂的产能转移到别的工厂，这样鸿海在大陆华南、华中、华北、华东都有布局。这些地方的产能除了满足外销需要外，主要是为了做内销生意。郭台铭说："鸿海在大陆各地的布局，势必是要和当地市场结合，除外销外，内需市场也是一个重点。"

重庆、四川近年来吸引台商电子信息产业的总额不断上升，占比也逐渐增加，2009～2011 年四川进入吸引台商 ICT 制造业投资额前十名。重庆、四川吸引台资电子信息产业投资的原因在于：一是重庆、四川都将电子信息产业作为主导产业来发展，相应的引进台资的优惠政策较多；二是该地区具有劳动力低成本和市场潜力较广阔的优势，有利于台商拓展西部地区的市场。河南、湖北、湖南、山西、安徽等中部地区也具有吸引台资 ICT 制造业的潜力，原因在于：一是虽然沿海地区的大城市投资环境是最佳的，但与此伴随的是大量的境外大企业的进驻，市场竞争程度高，因此很多台商逐步向内陆地区的城市转移；二是该地区的产业配套完备，高素质的人才较多，便于台资电子信息产业的研发；三是该地区有着较低的开发成本、劳动力成本和潜在的市场。

第四节　大陆企业对台投资发展状况

2008 年以来，随着海峡两岸两会高层的不断互动，双边政治互信不断增强，经济合作也有了巨大的新发展。尤其是随着两岸"三通"的顺利实施和《海峡两岸经济合作框架协议》（ECFA）及其后续"投资保护协议"等重要协议的签订与履行，以及两岸经济合作委员会的成立等，2009 年 7 月 1 日，台湾当局正式开放 192 项陆资入台，开启了两岸双向投资的全新时代。短期看，虽然陆资入台面临不少困难和问题而难有大的发展，但这标志着只能由台湾到大陆进行单向投资的非正常局面将被终结，今后两岸可以进行正常的双向投资交流，两岸投资格局实现质的突破。两岸经济合作逐步从"间接、单向、民间"阶段，向"直接、双向、机制化、制度化"阶段转变。

一、政策演进

1992 年 7 月 31 日，国民党执政的台湾当局颁布《台湾地区与大陆人民关系条例》，从此，该条例成为台湾当局处理两岸社会、经贸、文化交往的行政规范基础。当时，该条例规定，台湾在处理两岸关系时秉持"间接往来"的政治原则，对两岸经贸采取"原则禁止，例外许可"的处理方针，这就为台湾当局坚持将两岸经贸关系局限于间接、单向的模式提供了依据。

2000 年，台湾地区领导人选举前夕，民进党候选人陈水扁利用台湾民众希望开放陆资入台的心态，公开批评国民党李登辉当局限制两岸经贸发展的"戒急用忍"的政策，这一做法的目的实际是为争取台湾中产阶级的选票。陈水扁与民进党执政之后，进而将开放陆资入台的经济举措作为安抚岛内政局和开展两岸博弈的政治筹码。

2002 年 1 月 16 日，中国台北加入世界贸易组织（WTO），在承诺书中允许开放 58 个服务行业供陆资间接投资。2002 年 2 月 13 日，台湾经济主管部门发布修正的《台湾地区与大陆贸易许可办法》，取消两岸贸易的买方或卖方须经第三地间接进行的限制，开放两岸商人直接交易。2002 年 8 月 8 日，台湾当局发布实施《大陆人民在台湾地区取得设定或转移不动产物权许可办法》，规定自 2002 年 8 月 10 日起，有条件开放陆资赴台投资不动产。台湾方面虽然迫于形势开始对陆资赴台的相关政策有了初步的松动和调整，但民进党当局因意识形态作祟，在开放陆资赴台问题上并未采取支持政策，而是以影响台湾安全、冲击台湾产业为由，实际上严禁大陆资金赴台，使开放陆资入台最终没有真正实现。

2008 年 3 月，台湾地区领导人选举期间，马英九作为国民党的候选人把开放陆资入台作为其重要的竞选口号。马英九当选台湾地区领导人后，推行务实开放的经贸政策，强调开放陆资入台，提出欢迎陆资到台湾投资的《爱台十二建设》。2008 年 5 月 21 日，马英九上台后第二天就明确表示，欢迎大陆企业来台湾投资，并表示不担心陆企投资台湾会造成台湾过度依赖大陆的问题。6 月 10 日，台湾陆委会主委赖幸媛表示，在做好风险管理及配套政策情况下，将陆续检讨松绑大陆企业入台投资上限、开放大陆商务及专业人士来台、开放银行业赴大陆设立分支机构、开放陆资赴台政策等。6 月 12 日，在海协会、海基会两会商谈的第一天，台湾通过《台湾地区与大陆人民关系条例修正案》，允许人民币在台湾岛内兑换业务分阶段实施。2008年7月13日，台湾当局正式开放大陆合格境内投资者（QDII）投资台湾证券及期货市场，同时放宽大陆台企回台上市的资格限制，取消台湾上市公司可持有大陆企业股权不得超过20%以及企业投资大陆不得超过其净值40%的规定。

2009年4月26日，在第三次"陈江会谈"中，两岸签署《海峡两岸金融合作协议》，就大陆企业赴台投资达成具有历史意义的原则性共识。2009年11月6日，两岸正式签署《金融合作备忘录》（MOU），这标志着作为两岸经济交流核心部分的两岸金融交流进入实质性合作阶段，也为后面签订《海峡两岸经济合作框架协议》奠定了基础。2009年6月30日，台湾经济主管部门公布《大陆人民来台投资许可办法》与《大陆之营利事业在台设立分公司或办事处许可办法》，宣布正式开放192项陆资可投资的项目和领域，并从即日起开始受理陆资赴台投资、设立分公司或设立办事处的申请。这样，酝酿多年的开放陆资入台一事正式进入实施和操作阶段，两岸双向投资格局也初现端倪。

2009年5月17日，商务部、国台办正式发布《关于大陆企业赴台湾地区投资或设立非企业法人有关事项的通知》，明确了陆资入台的办理程序。为了推动大陆企业赴台投资，时任国台办主任的王毅在海峡论坛上宣布，大陆主管部门将有序组织电子、通信、生物、医药、海洋运输、公共建设、商贸流通、纺织机械、汽车、制造等行业的骨干企业赴台投资考察。2011年十一届全国人大三次会议上，温家宝同志在《政府工作报告》中明确表示，"鼓励有条件的大陆企业赴台投资"。

二、大陆企业赴台投资情况

尽管台湾已开放陆资入台，但从2009年底台湾开始受理陆资入台投资个案至2012年这段时间，陆资入台投资总体规模较小，发展速度滞缓，基本上处于小规模、试探性投资阶段。从投资量来看，三年多的投资总量约350件，投资金额仅4亿美元。从各年份投资情况看，前两年由于政策尚不明朗，投资数量和金额都不高；从2011年开始，投资数量开始迅速增多，但投资金额在2012年才开始提高。但相对大陆的企业发展现状来看，对台湾地区的投资规模非常小，其象征意义大于实际成效。

表 8-7　大陆企业赴台投资统计（2009～2012 年 4 月）

年度	件数	金额（亿美元）
2009	23	0.375
2010	79	0.943
2011	102	0.437
2012	138	2.28
累计	342	4.035

资料来源：我国商务部和台湾经济主管部门相关机构。

从赴台投资的大陆企业投资的区域分布来看，超八成企业投资点选择在台湾北部地区，其中台北市约占 58%，新北市有 20%，桃园县 8%，台湾南部投资相对很少。这也与台湾的经济发展水平相一致，尤其是 ICT 制造业和金融、科技产业，更愿意选择北部产业配套成熟的地区。

按陆资投资形态来看，投资台湾现有公司占 42.2%（排名第一），新设公司占 29%，设立分公司占 20.9%，增资企业约占 7.9%。目前赴台投资的业种以批发及零售业居首，然后就是 ICT 制造业。大陆到台湾投资的 ICT 企业 55 家，占总投资企业数量的 11.34%，也是第二大投资行业，但与排名第一的行业相差 40 多个百分点。从投资金额来看，ICT 企业的投资总额 7790 余万美元，占投资总额的 10.5%，也排在第二位，与排名第一的行业相差约 10 个百分点。

表 8-8　大陆企业赴台投资行业分布情况

行业分类	投资企业数量（件）	占总量比重（%）
批发及零售业	263	54.23
ICT 制造业	55	11.34
信息软件服务业	32	6.60
餐饮业	23	4.74
机械设备制造业	23	4.74
会议服务业	16	3.30
运输及仓储业	16	3.30
专业设计服务业	7	1.44
化学材料制造业	5	1.03
其他	45	9.28
合计	485	100

资料来源：陆资来台投资事业名录。

开放陆资入台后的首家入台投资的大陆企业是福建新大陆科技集团。该集团主要经营电子信息、环保科技及制药产品等。新大陆科技集团计划以新台币2325万元的间接投资方式向荷兰史列德公司取得台湾帝普公司58%的股权，向台湾有关部门申请到台湾投资并获得核准，成为首家被认定是在台直接投资的陆资企业。

另外，在2009年7月至12月，有多家大陆知名企业，包括北京的全聚德烤鸭、天津狗不理包子、杭州楼外楼、重庆小天鹅餐饮等，先后向台湾有关部门提出投资申请。台湾主管部门于2009年7月17日受理南方航空、厦门航空和海南航空三家大陆航空公司的赴台投资申请。在此之前，两岸MOU签署，大陆银行、保险等多家企业已先行进入岛内，纷纷设立办事处。对于大陆企业而言，台湾的市场空间虽然不大，但对于企业全球布局而言，是一个非常重要的据点。

第九章　两岸电子信息产业贸易

　　进入 21 世纪以来，在经济全球化和祖国大陆对台一系列政策的促进下，海峡两岸之间的贸易关系得到了快速的发展。近年来，大陆一直是台湾第一大出口市场和最大的贸易顺差来源地，台湾对大陆的出口额在其对外出口总额中的比重也已超过了 40%，两岸的经贸交流与合作对两岸的经济增长具有非常重要的影响。电子信息产品在两岸贸易中占据着重要的位置，并呈现出快速发展的趋势，两岸电子信息产品的进、出口贸易均占两岸贸易额的 1/3 以上。据台湾地区海关数据分析，2013 年，两岸电子信息产品进出口总额高达 756.14 亿美元，其中台湾对大陆电子信息产品出口 499.38 亿美元，同比增长 2.3%；台湾自大陆电子信息产品进口 256.76 亿美元，同比增长 6.7%。电子信息产业成为两岸重点合作的产业。本章在对两岸电子信息产业贸易历史发展、贸易现状和分工状况进行研究的基础上，分析了两岸电子信息产业贸易存在的问题，探讨了两岸电子信息产业的发展与合作方向。

第一节　两岸电子信息产业贸易的历史发展

一、电子信息产业的范围

　　电子信息产品的贸易范围比较广泛，主要包括工业电子产品、消费性电子产品、精密仪器、零组件和机械工业等几大类，每一类中又能细分出许多的产品，每一种产品都有相对应的海关编码。根据商品名称和编码协调制度（HS），两岸进行贸易的电子信息产品主要包括 HS84、HS85 和 HS90，极少部分电子信息产品包括在 HS91 中，但是由于 HS91 中产品占两岸全部电子信息产品的贸易比重非常小，同时考虑到数据的可比性和可获得性，本节将重点研究 HS84 、HS85 和 HS90 这三类贸易品。按照 HS 的分类方法，本节整理出电子信息产品的分类和产品编码，选择的电子信息产品细分到四位码，具体如表 9-1 所示。

表 9-1　两岸电子信息产品贸易的分类

章	产品编码	产品名称
第 84 章（HS84）核反应堆、机器、机械器具及其零件	8414	空气泵或真空泵、空气压缩机或其他气体压缩机及风扇
	8415	空气调节器，具有电动风扇及变换温度及湿度组件
	8418	冷藏机、冷冻机及其他冷藏或冷冻设备，使用电力或其他能源者；热力泵，第 8415 节之空气调节器除外
	8419	机器、工厂或实验室设备
	8450	家庭或洗衣店之洗衣机，包括洗衣脱水两用机
	8469	打字机；文字处理机
	8470	计算器及有计算功能之袖珍型数据记录、显示之机器
	8471	自动数据处理机及其附属单元；磁性或光学阅读机，以符号方式将数据转录于数据媒体之机器及处理此类数据之未列名机器
	8472	其他办公室用机器（例如：胶版复印机或蜡纸复印机、自动钞票支付机、铸币计数或包装机、打孔或装订机）
	8473	专用或主要用于第 8469 至 8472 节机器之零件及附件
	8486	专供或主要供制造半导体晶柱或晶圆、半导体装置、集成电路及平面显示器之机器及器具
第 85 章（HS85）电机、电气设备及其零件；录音机及放音机、电视图像、声音的录制和重放设备及其零件、附件	8501	电动机及发电机（发电机组除外）
	8509	家用电动用具，内装有电动机者
	8510	刮胡刀、剪发器及除毛发用具，装有电动机者
	8515	电力、激光或其他光或光子束、超音波、磁脉波或电浆电弧软焊及硬焊或熔接机及器具；金属热喷或瓷金热喷用电机及器具
	8517	电话机；其他传输或接收声音、图像或其他数据之器具
	8519	录音或声音重放器具
	8525	无线电广播或电视之传输器具，不论是否装有接收或录或放音器具者；电视摄影机；数字相机及影像摄录机
	8526	雷达器具、无线电导航器具及无线电遥控器具
	8527	无线电广播接收器具，不论是否装有录或放音器具或定时器
	8528	监视器及投影机，未装有电视接收器具；电视接收器具，不论是否装有无线电广播接收机或音、录或放器具者

章	产品编码	产品名称
	8529	专用或主要用于第 8525 至 8528 节所属器具之零件
	8531	电气音响或视觉信号器具
	8534	印刷电路
	8536	电路开关、保护电路或连接电路用之电气用具；光纤、光纤束、光纤电缆或光纤传输缆用之连接器
	8539	灯丝电灯泡或放电式灯泡；弧光灯
	8542	集成电路
	8544	绝缘电线、电缆及其他绝缘电导体；光纤电缆
	8547	电气机器、用具或设备用之绝缘配件；具有绝缘材料衬里之贱金属导管及接头
第 90 章（HS90）光学、照相、电影、计量、检验、精密仪器及设备；上述物品的零件、附件	9001	光纤及光纤束；光纤传输缆；偏旋光性材料所制之片及板
	9002	任何材料所制之光学透镜、棱镜、反射镜及其他光学组件，业经装配为仪器或器具之零件或配件者
	9006	照相机（电影摄影机除外）；照相用闪光器及闪光灯泡
	9007	电影摄影机及放映机，不论是否附有录音或声音重放器具
	9008	影像放映机；照相放大器及缩影器
	9013	液晶装置；激光器，激光二极管除外；其他光学用具及仪器
	9015	水路、海洋、水文、气象或地球物理测量（包括照相测量）用仪器及用具（不包括罗盘）；测距仪器
	9030	示波器、频谱分析仪及其他供计量或检查电量之仪器及器具；供计量或侦测 α、β、γ、X 光、宇宙或其他离子辐射线用之仪器及器具

资料来源：根据台湾相关主管部门网站及本研究整理。

二、两岸电子信息产业贸易的原因

自 20 世纪 70 年代起，台湾在短短的 20 多年里就发展成为全球最大的电子信息产业代工基地。台湾电子信息产业经过三次产业转型，积累了较为丰富的管理经验，产业结构比较合理，企业的融资渠道越来越灵活，再加上有发达国家资金、技术等的支持，台湾的电子信息产业得到了快速的发展。但是，由于全球电子信息产业竞争激烈，同时台湾的电子信息产业处于成熟期，产品的销量趋于稳定，促使台商利用自身的竞争优势不断地开拓新兴市场。祖国大陆的电子信息产业经过十多年的快速发展，已经具备了较好的发展基础和巨大的发展潜力。然而大陆的电子信息产业仍然需要大量的资金、人才以及技术的投入，以促使其步入成熟阶段；同时大陆电子信息产业的营销策略比较单一，对市场的前沿信息把握不及时，两岸电子信息产业在基础科研和应用研究上的互补性很强。正是由于两岸比较优势的互相补充，才使得两岸电子信息产业贸易不仅成为可能，而且得到了快速的发展。

表 9-2　两岸电子信息产业优劣势比较

大陆优势	台湾优势
● 巨大潜力的内销市场	● 完善的产业配套体系
● 低廉的研发成本和生产成本	● 充裕的资金和管理人才
● 科技基础研究的实力比较强	● 比较强的代工、设计能力
● 政府政策支持力度大，有较多的优惠措施	● 相当丰富的营运经验和国际行销布局经验
大陆劣势	**台湾劣势**
● 产业配套体系不够完善	● 人力资源短缺，工资成本较高
● 产业基础较弱	● 内销市场不足
● 生产经营效率差，国际行销经验不足	● 科技基础研究的实力相对较弱
● 比较依赖境外资金，自主开发能力和创新能力弱	● 厂地取得困难，厂房的成本比较高
● 主要生产低档次产品，高档次产品较少	● 生产研发的成本比较高

　　积极推动两岸电子信息产业贸易，有利于两岸经济的发展，对大陆和台湾是互利双赢的。对大陆来说，台湾在技术、资金、管理经验等方面的优势，满足了大陆电子信息产业快速发展的需要。两岸电子信息产业贸易合作，不仅有利于大陆的经济发展和就业问题的解决，而且也有利于提高大陆电子信息产品的国际竞争力。对台湾来说，祖国大陆广阔的市场以及低廉的劳动力成本优势，符合台湾战略转型的需要，大陆成为台湾电子信息产业岛外的最主要获利地区，贸易合作有力地促进了台湾经济的增长。

三、两岸电子信息产业贸易的发展历程

　　两岸的贸易是从 1979 年祖国大陆提出"三通"（即通邮、通航、通商）开始的，经历了从间接到直接、从小到大的发展过程，两岸贸易的商品结构由初级产品为主转向电子信息产品为主，目前两岸的贸易已经形成了互惠互利的发展合作格局。根据两岸贸易中主要产品结构的不同，我们把两岸贸易发展过程分为早期贸易阶段和中期贸易阶段①。

（一）早期贸易阶段

在 1979 年两岸贸易合作的初期，由于台湾当局对两岸贸易的合作采取了一系列的限制措施，两岸间的贸易额非常小，1979 年两岸的贸易额仅为 7700 万美元。台湾当局执行的是"不接触、不干涉、不鼓励"的"三不"政策，当时的两岸贸易是经香港转口的间接贸易，巨额的转口运费和保险费等附加费用使得两岸贸易的交易成本大大增加。

由于当时大陆的科技水平比较低，产品质量不能满足台湾的需求，这一阶段从台湾进口的商品主要是一些原料、零组件及半成品，从表 9-3 可以看出，进口商品中所占比重最大的是纱、布及纺织相关制品。对台湾出口的商品主要是动植物原料和初级工业加工品等（表 9-4 所示），这些产品一般是在台湾进行再加工，然后再返销到大陆或其他地区。电子信息产品在两岸贸易中所占的比重是较低的，但是我们不难看出电力机械、电器及零件在两岸贸易中所占的比重呈现出逐渐上升的趋势。台湾从大陆进口的电子信息产品多为初级产品和原材料，出口大陆的电子信息产品也多以配合投资的机械设备和中间产品为主。这一阶段两岸电子信息产业之间的贸易符合比较优势的原则，属于垂直的分工类型。

表 9-3　台湾经香港转口输入大陆主要产品情况　　（单位：百万美元，%）

商品	1980		1985		1990		1993	
	金额	占比	金额	占比	金额	占比	金额	占比
纱、布及纺织相关制品	191.3	81.4	540.9	54.8	1301.4	39.7	2601.7	34.3
电力机械、电器及零件	2.4	1.0	108.6	11.0	222.9	6.8	508.2	6.7
电信、录音及复制之器具设备	7.5	3.2	51.3	5.2	154	4.7	273.1	3.6
特殊工业专用机械	7.1	3.0	36.5	3.7	203.2	6.2	614.4	8.1
通用工业机械设备及零件	<1.6	<0.7	<9.9	<1.0	59	1.8	189.6	2.5

资料来源：台湾经济主管部门相关机构，http://www.noeaic.gov.tw/。

① 孙娟. 两岸电子信息产业贸易分工与合作关系探析. 经济论丛，2011 年第 3 期.

表 9-4　大陆经香港转口输入台湾主要产品情况　（单位：百万美元，%）

商品	1980		1985		1990		1993	
	金额	占比	金额	占比	金额	占比	金额	占比
动植物原料	62.7	82.5	49.3	42.5	122.4	16	151.2	13.7
电力机械、电器及零件	<0.3	<0.4	<2.2	<1.9	45.9	6.0	107.1	9.7
纱、布及纺织相关制品	0.5	0.6	12.3	10.6	69.6	9.1	98.3	8.9
蔬菜果实	3.7	4.9	4.3	3.7	26	3.4	40.8	3.7
电信、录音及复制之器具设备	<0.3	<0.4	<2.2	<1.9	<23.7	<3.1	37.5	3.4

资料来源：台湾经济主管部门相关机构，http://www.noeaic.gov.tw/。

（二）中期贸易阶段

随着经济体制改革的不断深化，大陆自身的产业发展迅速，产品的技术含量在不断提高，所生产的产品基本能够满足台湾企业的需求，两岸之间的贸易合作关系变得更加紧密，贸易产品种类也发生了很大的变化。尤其是 1994 年之后，两岸贸易产品种类逐渐集中到机电产品、机器及机械用具、精密仪器、塑料及其制品、化工产品、纺织原料及制品这六大类产品上，如表 9-5、表 9-6 所示。

表 9-5　台湾输入大陆主要产品比重变化（%）

产品 ＼ 年份	1994	1996	1998	2000	2002	2004	2006
机电产品	36.68	35.35	33.63	41.76	47.39	49.28	51.06
机器及机械用具	7.36	9.42	12.15	13.74	12.77	13.09	13.78
光学医疗等精密仪器	1.78	2.07	1.74	2.04	6.82	7.15	9.17
塑料及其制品	14.19	15.15	16.15	15.08	11.55	13.36	14.09
化工产品	4.19	5.31	5.88	6.6	6.75	6.94	7.28
纺织原料及制品	21.26	20.3	19.87	13.01	8.84	6.12	5.01

资料来源：根据台湾相关主管部门网站整理。

在台湾输入大陆的主要产品中，我们看到机电产品的比重增加得最快，增加了近 15 个百分点，到 2006 年机电产品的比重达到了 51.06%，成为台湾输入大陆最主要的产品；其次是光学医疗等精密仪器，由 1994 年的 1.78%增加到 2006 年的 9.17%，增加了 7.39 个百分点；再次是机器及机械用具、化工产品的比重略有增加，分别增加了 6.42 和 3.09 个百分点。另外，有的产品的比重出现了下降，其中下降幅度最大的是纺织原料及制品，从 1994 年的 21.26%减少到 2006 年的 5.01%，下降了 16.25 个百分点；其次，塑料及其制品所占的比重在较小范围内出现了浮动。台湾自大陆进口的产品结构变化与台湾输入大陆的产品结构变化类似，机电产品、精密仪器等电子信息产品的比重增加得较快，而传统产品（纺织品和塑料制品）的比重下降。20 世纪 90 年代以后，台湾将中下游的生产、组装等祖国大陆具有比较优势的生产阶段转移到大陆，将关键零件的研发和生产留在台湾，强化了两岸之间的贸易合作。这一阶段，大陆电子信息产品的国际竞争力在不断增强，与台湾电子信息产品的差距在不断缩小，两岸电子信息产业之间由合作关系逐渐向竞争合作关系转化。

表 9-6　　台湾自大陆进口主要产品比重变化（％）

产品＼年份	1994	1996	1998	2000	2002	2004	2006
机电产品	24.5	25.96	36.13	34.59	47.05	48.96	50.43
机器及机械用具	9.7	15.26	15.65	18.91	10.27	14.05	13.65
光学医疗等精密仪器	3.75	3.27	2.01	2.03	2.69	2.75	2.83
塑料及其制品	2.27	1.99	2.21	2.38	1.98	2.06	2.21
化工产品	5.94	7.86	7.75	7.67	7.61	7.72	7.94
纺织原料及制品	13.02	9.66	6.91	8.24	6.83	6.14	5.67

资料来源：根据台湾相关主管部门网站整理。

这一阶段的两岸电子信息产业是在台湾当局设置障碍和进行干扰情况下不断加强贸易合作的。由于经济安全的原因，台湾限制了包括电子信息产品在内的高科技产业对大陆的贸易，例如为了限制高科技产品的出口，台湾当局在 1995 年出台了"高科技货品清单"、《战略性高科技货品输出入管理办法》。另外，台湾对大陆的进口非常严格，这就在一定程度上影响了两岸贸易关系的正常发展。

（三）两岸电子信息产业贸易的新机遇

当前两岸经贸交流和合作面临着前所未有的新机遇。2008 年 5 月国民党重新执政以来，两岸的贸易合作进入了新的阶段。国民党积极改善与祖国大陆的关系，恢复了中断长达十年的两会协商，海基会和海协会先后举行了四次会议，达成了贸易合作、两岸"三通"、赴台旅游等 12 项协议。到目前为止，两岸"三通"彻底实现，大陆居民赴台旅游顺利实施，两岸的贸易合作也已取得了一定的进展。

2010 年 6 月 29 日，《海峡两岸经济合作框架协议》（ECFA）在重庆签署，标志着两岸的贸易合作更加制度化、合法化。两岸经济合作框架协议不仅仅取消了两岸的贸易壁垒，而且还互相降低甚至取消了某些产品的关税，这些措施使得两岸的贸易合作更加密切。ECFA 于 2011 年 1 月 1 日起开始实施，一开始实施就表现出了对贸易的积极促进作用，2011 年，大陆 539 项产品自台进口同比增长 35%以上，台湾 267 项产品自大陆进口同比增长也在 35%以上。ECFA 的实施有助于两岸经济的发展，两岸的贸易合作呈现出良好的发展态势。

第二节　两岸电子信息产业贸易的现状

一、两岸电子信息产业贸易概况

2003 年，两岸电子信息产品贸易总额为 270.5 亿美元；到 2013 年，两岸电子信息产品贸易总额达到了 756.14 亿美元，短短 10 年的时间就增长了近 2 倍。目前，两岸电子信息产品的贸易总额占两岸贸易总额的比重超过了 50%，电子信息产品已经成为两岸贸易的主力。两岸电子信息产品贸易总额的增长依赖于对大陆出口总额和自大陆进口总额的不断增长，2003 年，台湾对大陆出口总额为 183.03 亿美元，自大陆进口总额为 71.74 亿美元；到 2013 年，台湾对大陆的出口总额和进口总额为 499.38 亿美元、256.76 亿美元，分别增长了 173%、262%。

从图 9-1 我们可以很明显地看出两岸电子信息产品贸易额的变化趋势：2008 年以前，两岸电子信息产品的贸易额增长比较迅速；2010 年之后的这几年，两岸电子信息产品贸易额增长较平稳；2009年由于全球金融危机的影响，两岸电子信息产品的贸易额出现了明显的下滑。总体来看，对大陆出口总额和两岸电子信息产品贸易总额增长较为迅速，而自大陆进口总额增长较为缓慢。

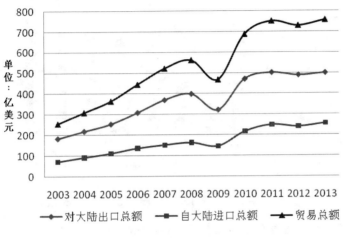

图9-1 2003年以来两岸电子信息产品贸易额变化情况

二、两岸电子信息产业贸易特点

（一）两岸电子信息产业贸易严重不平衡

祖国大陆对台湾市场的开放程度高，而台湾严格限制大陆电子信息产品的进口，导致了台湾对大陆的贸易顺差迅速增加，从而使得两岸电子信息产业贸易出现了严重的不平衡。台湾地区海关统计的数据显示，台湾对大陆的电子信息产品贸易顺差由2003年的111.29亿美元增加到2013年的242.62亿美元；2003年到2013年，台湾对大陆电子信息产品贸易顺差累计达到了2171.93亿美元。从图9-2中可以看到，2008年之前，贸易顺差逐年增加；2009年由于全球金融危机，贸易顺差额大幅度减少；2010年贸易顺差迅速增加，达到了253.33亿美元；近几年贸易顺差出现了较小幅度的减少，表现出了稳定的态势。

台湾对大陆的电子信息产品贸易顺差主要是由电子信息产品的加工贸易方式决定的。台湾通过在大陆投资建厂，积极发展加工贸易，然后将产品出口到美国和欧盟等多个国家和地区，其中电子信息产品的零部件大部分都来自台湾。在这种情况下，从台湾进口的零部件越多，加工贸易发展得越快，台湾对大陆电子信息产品的贸易顺差也就越大。另外，两岸投资的单向性也是造成台湾对大陆电子信息产品贸易顺差的原因之一。

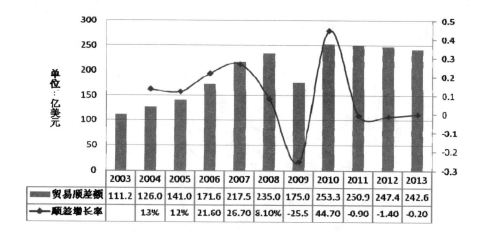

图 9-2　2003 年以来台湾对大陆电子信息产品贸易顺差情况

（二）各类电子信息产品表现出不同的变化趋势

电子信息产品贸易的总规模不断增加，但是各类电子信息产品贸易的增长情况是不同的。我们选取了机械及电机设备和精密仪器、乐器两大类电子信息产品来具体分析主要电子信息产品的贸易增长情况，其中机械及电机设备主要包括电子产品、电机产品、信息及通信产品、家用电器；精密仪器、乐器主要包括光学、照相、计量、医疗等器材。如表 9-7 所示，机械及电机设备不仅贸

表 9-7　2008～2012 年两岸主要电子信息产品贸易情况　（单位：亿美元）

产品 ＼ 贸易总额	2008	2009	2010	2011	2012
机械及电机设备	**145.57**	**133.16**	**196.83**	**227.22**	**222.14**
（Ⅰ）电子产品	52.15	55.31	88.44	94.42	94.06
（Ⅱ）电机产品	25.33	19.77	29.06	35.67	33.62
（Ⅲ）信息及通信产品	29.63	27.62	37.49	49.16	49.18
（Ⅳ）家用电器	2.5	2.14	2.63	3.49	3.72
精密仪器、乐器	**18.27**	**13.79**	**20.44**	**23.35**	**19.41**
（Ⅰ）光学、照相、计量、医疗等器材	14.79	12.07	17.31	20.74	15.40

资料来源：根据台湾相关主管部门网站整理。

易额高于精密仪器，而且贸易增长也较快。机械及电机设备由2008年的145.57亿美元增加到2012年的222.14亿美元，而精密仪器、乐器增长幅度不大，由2008年的18.27亿美元增加到2012年的19.41亿美元。机械及电机设备中，贸易额最大的是电子产品，且增长速度也是最快的，由2008年的52.15亿美元增加到2012年的94.06亿美元；其次是电机产品和信息及通信产品；家用电器的贸易额最小，贸易增长也最慢，由2008年的2.5亿美元增加到2012年的3.72亿美元。

从图9-3可以看出，一直以来HS85类电子信息产品所占的比重最大，基本都在50%以上，并且呈现出不断增加的趋势，由2003年的45%增加到2013年的60%；HS84类电子信息产品所占的比重逐渐下降，由2003年的29%下降到2013年的16%；HS90类电子信息产品所占的比重变化不大，基本保持在20%～30%。

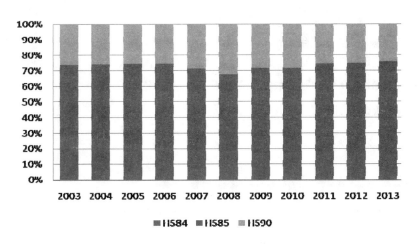

图9-3　各类电子信息产品贸易规模比重变化情况

第三节　两岸电子信息产业的产业内贸易与分工状况

进入21世纪以来，两岸加速融入全球化生产网络，伴随着台商大量到大陆投资，两岸经贸交流的广度和深度不断拓展，产业分工也日趋走向纵深。特别是 2008 年两岸恢复制度化协商机制之后，两岸经济合作更是全面提速。2010年 6 月，两岸签署《海峡两岸经济合作框架协议》(Economic Cooperation Framework Agreement，简称 ECFA)，2013 年 6 月再签《海峡两岸服务贸易协议》，两岸进入贸易自由化和产业大合作时代。在此背景下，本节对十年来两岸电子信息产业贸易动态变化及产业分工状况进行实证研究，把握两岸贸易及产业分工发展趋势，这对全面深化两岸经济合作具有很强的现实意义。

一、两岸电子信息产业的产业内贸易分析

所谓产业内贸易指的是一个国家或地区同时进口又出口同一产业内相同产品的现象。通过分析产业内贸易指数，划分产业间贸易和产业内贸易，可以判断两岸电子信息产业的分工角色。如果是产业间贸易，则说明两岸电子信息产业是垂直的分工关系；如果是产业内贸易，则说明两岸电子信息产业是水平的分工关系，属于同质产品的贸易。

（一）研究方法介绍

本节采用双边产业内贸易指数测度两岸产业内贸易整体水平，参照华晓红、郑学党（2010）使用的伯格斯特兰（Bergstrand）指数。两岸双边产业内贸易指数计算方法如下：

$$\overline{G_{tm}^{k^*}} = \sum_{k=1}^{n} S_k \times G_{tm}^{k^*} \tag{9.1}$$

$$G_{tm}^{k^*} = 1 - \left[\left(\left| X_{tm}^{k^*} - X_{mt}^{k^*} \right| \right) / \left(X_{tm}^{k^*} + X_{mt}^{k^*} \right) \right] \tag{9.2}$$

$$X_{tm}^{k^*} = 1/2 \left[(X_t + M_t) / 2X_t + (X_m + M_m) / 2M_m \right] \times X_{tm}^{k} \tag{9.3}$$

$$X_{mt}^{k^*} = 1/2 \left[(X_m + M_m) / 2X_m + (X_t + M_t) / 2M_t \right] \times X_{mt}^{k} \tag{9.4}$$

其中，$\overline{G_{tm}^{k^*}}$ 表示两岸加权平均双边产业内贸易指数，$G_{tm}^{k^*}$ 表示两岸 k 产业双边产业内贸易指数，S_k 表示两岸 k 产业进出口额占进出口总额比重，$X_{tm}^{k^*}$ 和 $X_{mt}^{k^*}$ 分别表示调整后台湾对大陆 k 产品的出口额和进口额，X_{tm}^{k} 和 X_{mt}^{k} 分别表示调整前台湾对大陆 k 产品的出口额和进口额，X_t 和 M_t 分别表示台湾出口贸易和进口贸易总额，X_m 和 M_m 分别表示大陆出口贸易和进口贸易总额，n 代表两岸发生双边贸易的产业数量。显然，Bergstrand 指数的取值区间为 0～1，若该指数接近 1，说明两岸 k 产业间的贸易倾向于产业内贸易；若该指数接近 0，则说明两岸 k 产业间的贸易倾向于产业间贸易。

（二）贸易动态变化分析

运用上述介绍的研究方法计算各类电子信息产品的 Bergstrand 指数值，如图 9-4 所示。HS84 类产品的产业内贸易指数最高，除个别年份外，产业内贸易指数都在 0.8 以上，在 2009 年甚至达到了 0.986，说明两岸 HS84 类产品以产业内贸易为主。HS85 类产品的产业内贸易指数基本上是逐渐上升的，从 2004 年的 0.654 增加到 2012 年的 0.789，表明 HS85 类产品的产业内贸易程度在不断增强。HS90 类产品的产业内贸易指数比较稳定，在 0.2 上下较小的范围内浮动。HS90 类产品的产业内贸易指数在电子信息产品中是最低的，主要是由于大陆的 HS90 类产品起步比较晚，再加上台湾此类产品具有较强的国际竞争力，所以两岸 HS90 类产品的分工形式以产业间贸易为主。

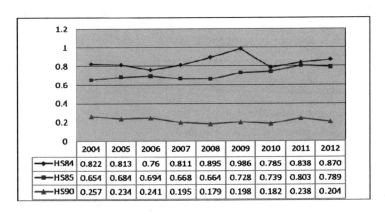

图 9-4　两岸各类电子信息产品的 Bergstrand 指数变化

二、两岸电子信息产业的分工状况分析

（一）研究方法介绍

本节用 GHM（Greenaway，Hine 和 Milner 提出的方法，简称 GHM）指数判断产业内贸易及其所反映的产业分工类型。根据 Greenaway 等（1995）用单位价值衡量产业内贸易类型的方法，$GHM_i = UV_{ik}^x / UV_{ik}^m$，其中 UV^x 为出口商品单价，UV^m 为进口商品单价，i 表示某产业，k 表示贸易伙伴。α 是离散因子，一般取值为 0.15 或 0.25，本节在分析时以 0.25 为主。同时，我们还用加权平均的方式计算两岸整体上的产业内贸易类型，即：

$$GHM_{TM} = \sum_{i=1}^{n} S_i \times GHM_i \qquad （9.5）$$

其中，S_i 表示两岸 i 产业进出口额占全部产业内贸易产业进出口总额比重。GHM 指数具体判定标准为：若 $1-\alpha \leqslant GHM_i \leqslant 1+\alpha$，则 i 产业属于水平型产业内贸易；若 $GHM_i > 1+\alpha$，则 i 产业属于高质量垂直型产业内贸易；若 $GHM_i < 1-\alpha$，则 i 产业属于低质量垂直型产业内贸易。

（二）分工形式动态变化分析

本节通过计算 GHM 指数来说明台湾对大陆的垂直分工与水平分工情况。按离散因子 $\alpha = 0.25$ 取值，其中 GHM > 1.25 表示台湾占据优势地位的垂直分工，$0.75 \leqslant GHM \leqslant 1.25$ 表示水平分工，GHM < 0.75 表示大陆占据优势地位的垂直分工。GHM 值越大，显示两岸产业分工中台湾对大陆的优势越大。这里运用上面的方法研究分析了各类电子信息产品中具有产业内贸易特征的子行业水平分工、垂直分工（台湾占优势或大陆占优势）的情况（如表 9-8 所示）。

表 9-8　2004～2012 年电子信息行业产业内分工情况　　（单位：%）

项目	年份	2004	2005	2006	2007	2008	2009	2010	2011	2012
HS85	V_M 比重	19.05	16.67	14.29	12.00	12.50	12.00	8.00	4.76	7.14
	H 比重	14.29	20.83	9.52	12.00	8.33	12.00	16.00	19.05	14.29
	V_T 比重	66.67	62.50	76.19	76.00	79.17	76.00	76.00	76.19	78.57
HS90	V_M 比重	0.00	5.56	10.00	16.67	16.67	6.67	11.11	17.65	11.76
	H 比重	21.05	22.22	30.00	5.56	5.56	20.00	0.00	5.88	5.88
	V_T 比重	78.95	72.22	60.00	77.78	72.22	73.33	88.89	76.47	82.35
HS84	V_M 比重	3.70	3.23	0.00	6.25	2.94	8.33	2.44	5.41	5.00
	H 比重	7.41	6.45	6.90	3.13	11.76	0.00	9.76	5.41	10.00
	V_T 比重	88.89	90.32	93.10	90.63	85.29	91.67	87.80	89.19	85.00

注：V 表示垂直分工，H 表示水平分工，V_T 和 V_M 分别表示台湾对大陆占优势的垂直分工和大陆对台湾占优势的垂直分工。

在 HS85 类的子行业中，2012 年两岸水平分工的行业占比为 14.29%；其余为垂直分工，其中，台湾占优势的垂直分工行业占比为 78.57%，大陆占优势的垂直分工行业占比为 7.14%。从动态来看，台湾占优势的垂直分工不断加强，大陆占优势的垂直分工在弱化。在 HS90 类的子行业中，2012 年两岸水平分工的行业占比为 5.88%；其余为垂直分工，其中，台湾占优势的垂直分工行业占比 82.35%，大陆占优势的垂直分工行业占比 11.76%。从动态来看，两岸水平分工在弱化，大陆占优势的垂直分工在加强，台湾占优势的垂直分工维持不变。在 HS84 类的子行业中，2012 年两岸水平分工的行业占比 10%；其余为垂直分工，其中，台湾占优势的垂直分工行业占比 85%，大陆占优势的垂直分工行业仅占 5%。从动态来看，两岸水平分工和大陆占优势的垂直分工有加强趋势，台湾占优势的垂直分工呈弱化倾向。从以上分析看，在 HS85、HS90、HS84 类行业内，台湾占优势的垂直分工处于绝对主导地位，两岸水平分工和大陆占优势的垂直分工所占比例较小，不足 1/3。.

综上所述，两岸电子信息产品的贸易增长表现出产业内贸易和产业间贸易并存的状态，其中 HS84 类、HS85 类电子信息产品以产业内贸易为主，HS90 类电子信息产品以产业间贸易为主。两岸电子信息产品产业内贸易是以垂直型为主要特征的，虽然大陆电子信息产品的国际竞争力有所增强，但是台湾占优势的垂直分工仍处于绝对主导地位，两岸水平分工和大陆占优势的垂直分工所占比例都比较小。

第四节　结论与政策含义

从 20 世纪 80 年代开始，台商投资大陆带动两岸贸易发展，逐步形成两岸或垂直分工或水平分工的产业合作，即产业链关系。实证分析（李保明，周小柯）表明，在两岸 816 个 HS 四位码行业中，有 405 个行业形成产业链关系，贸易额占比达到 41.28%；在这些产业链中，台湾占优势的垂直分工行业超过 2/3，占绝对优势地位，大陆占优势的垂直分工和两岸水平分工的行业不足 1/3；在两岸重点贸易行业中，电机电子行业和机械行业形成台湾占优势的垂直分工，钢铁行业两岸水平分工。研究结果也显示，两岸产业链形成的行业是台湾投资大陆的重点行业，与台商投资促进两岸产业链形成的历史相关，也说明两岸产业链将受台商在大陆投资和发展状况的影响，表现出一定的依赖性和不稳定性。

稳定发展的两岸产业链有利于东亚生产网络和两岸经济关系的健康发展。为规避两岸重复投资、产业竞争对两岸产业造成的负面影响，在台湾占优势垂直分工的行业领域，台湾要加大研发力度，向更高级和更高附加价值的生产环节升级；大陆要依靠巨大的市场和制造能力，做大下游生产规模。在两岸水平分工的领域，两岸要各自发挥优势，协同发展。面对两岸日益密切的产业链合作，两岸应加大产业协商政策力度，促使两岸上下游厂商之间通过利益分配，形成稳定的供应关系，比如上下游企业之间交叉持股，形成共担风险、共享收益的机制。鉴于两岸产业链的代工成分（多数为欧美大厂代工生产），两岸也应该共同投入，加大研发和品牌建设力度。另外，基于两岸产业链对台商投资与发展的敏感性，还应重视和继续支持台商在大陆的发展。

主要参考文献

外文部分

[1] Andersen P., Petersen N. C. A Procedure for Ranking Efficient Units in Data Envelopment Analysis[J]. Management Science, 1993(39): 1261-1264.

[2] Banker R. D., Charnes A., Cooper W. W. Some Models for Estimating Technical and Scale Efficiencies in Data Envelopment Analysis[J]. Management Science, 1984(30): 1078-1092.

[3] Banker R. D., Gifford J. L. A Relative Efficiency Model for the Evaluation of Public Health Nurse Productivity[M]. School of Urban and Public Affairs, Carnegie Mellon University, 1988, Pittsburgh, USA.

[4] Banker R. D., Das S., Datar S. M. Analysis of Cost Variances for Management Control in Hospitals[J]. Research in Governmental and Nonprofit Accounting, 1989(5): 268-291.

[5] Caves D. W., Christensen L. R., Diewert W. E. The Economic Theory of Index Numbers and the Measurement of Input, Output, and Productivity[J]. Econometrica, 1982(50): 1393-1414.

[6] Charnes A., Cooper W. W., Rhodes E. Measuring the Efficiency of Decision Making Units[J]. European Journal of Operational Research, 1978(2): 429-444.

[7] Färe R., Grosskopf S., Lindgren B. Productivity Changes in Swedish Pharmacies 1980-1989: A Non-Parametric Malmquist Approach[J]. Journal of Productivity Analysis, 1992(3): 85-101.

[8] Greenaway D., Hine R., Milner C. Vertical and Horizontal Intra-Industry Trade: A Cross Industry Analysis for the United Kingdom[J]. The Economic Journal, Vol.105, No.433 (Nov., 1995): 1505-1518.

中文部分

[1] 陈林，朱卫平. 创新、市场结构与行政进入壁垒——基于大陆工业企业数据的熊彼特假说实证检验[J]. 经济学季刊，第 10 卷第 2 期，2011 年 1 月刊.

[2] 陈飞. 电子信息产业调整振兴对策分析[J]. 行业经济，2010 年第 6 期.

[3] 陈劲. 协同创新与国家科研能力建设[J]. 科学学研究，2011 年第 12 期.

[4] 陈雯，吴琦. 海峡两岸产业内贸易动态变化特征分析[J]. 经济地理，2011 年第 5 期.

[5] 杜伟，张亮子，谢获宝，刘波罗. 顾客价值塑造与企业绩效相关性研究——基于电子信息技术业的实证研究[J]. 科技进步与对策，2011 年第 10 期.

[6] 段小梅，杜继淑. 两岸资讯电子产品产业内贸易特征与产业分工[J]. 福建师范大学学报，2010 年第 5 期.

[7] 段小梅. 两岸电子产品产业内贸易与产业分工[J]. 世界经济与政治论坛，2010 年第 5 期.

[8] 冯根福，刘军虎，徐志霖. 中国工业部门研发效率及其影响因素实证分析[J]. 中国工业经济，2006 年第 11 期.

[9] 付雯雯. FDI 溢出效应对中国产业集群的影响——以电子信息产业为例的实证研究[J]. 中国科技论坛，2009 年第 8 期.

[10] 龚志文，陈金龙. R&D 投入与公司价值相关性的实证分析——以我国生物制药和电子信息技术行业上市公司为例[J]. 科技进步与对策，2011 年第 22 期.

[11] 郭建平，魏纪林. 武汉光电子信息产业知识产权战略研究[J]. 科技进步与对策，2010 年第 24 期.

[12] 国家发展和改革委员会，工业和信息化部规划起草组. 电子信息产业调整和振兴规划解读[J]. 宏观经济管理，2009 年第 8 期.

[13] 胡隆基，张毅. 吸收能力、技术差距对国际技术溢出的影响研究：基于中国电子信息产业的调查数据[J]. 科研管理，2010 年第 5 期.

[14] 华晓红，郑学党. 大陆和台湾产业内贸易研究[J]. 台湾研究，2010 年第 3 期.

[15] 吉生保，周小柯，赵海斌. 中国机械设备行业经营绩效评价及影响因素[J]. 山西财经大学学报，2011 年第 1 期.

[16] 吉天龙，景新幸，郭庆，魏银霞. 本科院校工程应用型人才培养模式改革探索——基于桂林电子科技大学电子信息类工程应用型人才培养试验区的

思考[J]. 中国高教研究，2012 年第 1 期.

[17] 简必希. 中国电子信息产业的出口研究——基于投入产出模型的实证分析[J]. 数量经济技术经济研究，2010 年第 8 期.

[18] 姜江. 促进电子信息产业向中西部地区有序转移[J]. 宏观经济管理，2012 年第 11 期.

[19] 蒋国瑞，王秋利. 基于本体的 TBT 电子信息产品领域主题爬虫研究[J]. 情报杂志，2011 年第 7 期.

[20] 赖明勇，钟文华，谢锐. "后雁行模式"下的中韩电子信息产业贸易——合作还是竞争？[J]. 世界经济研究，2010 年第 5 期.

[21] 李保明，周小柯. 海峡两岸产业链的形成与发展——基于 HS 四位码产业的实证分析[J]. 台湾研究，2015 年第 2 期.

[22] 李保明，周小柯. 两岸产业结构比较与产业合作方向选择——基于 1994～2012 年数据的实证分析[J]. 台湾研究，2013 年第 5 期.

[23] 李保明，周小柯. 两岸产业政策比较与协调研究[J]. 台湾研究集刊，2015 年第 2 期.

[24] 李保明. 两岸经济关系二十年[M]. 人民出版社，2007 年.

[25] 李非，吴凤娇. 海峡两岸农产品产业内贸易的实证分析[J]. 国际贸易问题，2010 年第 7 期.

[26] 李俊. 增殖的自我——电子信息方式中人机交互的主体性[J]. 文艺研究，2012 年第 9 期.

[27] 李硕，李雁玲. 探析我国电子信息产品定价权问题——基于从产业价值链角度的分析[J]. 价格理论与实践，2012 年第 3 期.

[28] 李自杰，李毅，陈达. 国际化经验与走向全球化——基于中国电子信息技术产业上市公司的实证研究[J]. 中国软科学，2010 年第 8 期.

[29] 刘李鹏. 海峡两岸贸易结构和发展趋势分析[J]. 中国商贸，2010 年第 2 期.

[30] 刘启强，何静. 台湾地区产业转型升级中的产业政策的演变及其启示——以《奖励投资条例》等三大"条例"为例[J]. 科技管理研究，2013 年第 15 期.

[31] 刘伟. 电子信息生产的百分比分布规律——以三个论坛社区为例[J]. 情报信息与共享，2011 年第 5 期.

[32] 刘小青，陈向东. 专利活动对企业绩效的影响——中国电子信息百强实证

研究[J]. 科学学研究，2010 年第 1 期.

[33] 刘岩，蔡虹. 企业知识基础网络结构与技术创新绩效的关系——基于中国电子信息行业的实证分析[J]. 系统管理学报，2012 年第 5 期.

[34] 刘岩，蔡虹. 企业知识基础与技术创新绩效关系研究——基于中国电子信息行业的实证分析[J]. 科学学与科学技术管理，2011 年第 10 期.

[35] 刘震涛，石赐亮，郑胜利，谢天成. 经"赢"之道——台资企业成功密拾[M]. 清华大学出版社，2009 年.

[36] 娄勤俭. 保增长调结构，振兴电子信息产业[N]. 中国电子报，2009 年 4 月 23 日.

[37] 娄勤俭. 大陆台湾 IT 产业发展报告[M]. 中国经济出版社，2003 年.

[38] 罗静，任云，安然. 西部产业集聚区的发展机制与政策研究——以四川省电子信息产业集聚区为例[J]. 地域研究与开发，2009 年第 2 期.

[39] 罗哲，马兰. 两岸贸易结构与发展新趋势[J]. 广东社会科学，2011 年第 4 期.

[40] 马成文，魏文华. 中国电子信息行业上市公司绩效评价研究——基于面板数据的 DEA 分析[J]. 情报杂志，2011 年第 11 期.

[41] 马虎兆，何静. 滨海新区电子信息产业研发转化基地发展模式转型研究[J]. 中国科技论坛，2009 年第 8 期.

[42] 马晓河，赵淑芳. 大陆改革开放 30 年来产业结构转换、政策演进及其评价[J]. 改革，2008 年第 6 期.

[43] 苗圩. 建设现代信息技术产业体系[J]. 求是，2012 年第 23 期.

[44] 倪慧君，于伟. 高技术企业敏捷力与价值相关性研究——以电子信息行业为例[J]. 科技进步与对策，2010 年第 10 期.

[45] 任爱莲. 吸收能力对合作创新绩效的影响研究——来自中小电子信息科技企业的证据[J]. 科学管理研究，2010 年第 1 期.

[46] 沈建伟，张永安. 基于ISM 的北京电子信息企业创新绩效影响因素分析[J]. 情报杂志，2012 年第 11 期.

[47] 沈农. 中国电子信息产业技术效率趋势与空间收敛性研究——基于随机前沿生产函数的分析[J]. 科学学与科学技术管理，2010 年第 7 期.

[48] 史耀媛，卢朝阳. 电子信息类全日制工程硕士培养的探索与实践[J]. 学位与研究生教育，2010 年第 9 期.

[49] 孙娟. 两岸电子信息产业贸易分工与合作关系探析[J]. 经济论丛，2011 年

第 3 期.

[50] 陶锋，李霆，陈和. 基于全球价值链知识溢出效应的代工制造业升级模式——以电子信息制造业为例[J]. 科学学与科学技术管理，2011 年第 6 期.

[51] 陶晓红，曹元坤，齐亚伟. 电子信息产业集聚对区域经济融合的空间计量分析[J]. 科学进步与对策，2010 年第 11 期.

[52] 王长春. 大陆各省区高技术产业研发绩效及影响因素研究[D]. 湖南大学学位论文，2011 年.

[53] 王华，梁峰. 中国电子信息行业上市公司董事结构与公司绩效的实证研究[J]. 统计与信息论坛，2012 年第 9 期.

[54] 王瑞. 电子信息的法律保护研究——以数据库为例[J]. 暨南学报（哲学社会科学版），2010 年第 2 期.

[55] 王天营，陈圻，徐赵. 环境保护视角下的企业与政府行为选择——基于对中国电子信息产业的分析[J]. 中国行政管理，2009 年第 5 期.

[56] 王泽填. 基于低碳经济的我国电子信息制造业发展研究[J]. 福建论坛（人文社会科学版），2010 年第 9 期.

[57] 韦荟，吕斌，孙莉. 经济危机对东莞电子信息制造业空间集聚形态的影响研究——基于两次经济危机的比较视角[J]. 城市规划，2010 年第 7 期.

[58] 肖华. 加强规划引导政策扶持，加快振兴电子信息产业[N]. 中国电子报，2009 年 12 月 18 日.

[59] 肖静华. IT 业跨国投资与国家竞争力[M]. 中山大学出版社，2001 年.

[60] 谢光亚，周琦. 跨国公司与北京电子信息产业集群关系研究[J]. 经济与管理研究，2009 年第 10 期.

[61] 谢薇. 高校图书馆增强电子信息资源服务效益的策略——基于澳大利亚图书馆的实例分析[J]. 实践研究，2009 年第 2 期.

[62] 许陈生，陈海平. 国外专利权保护与出口——基于中国电子信息业的实证研究[J]. 经贸论坛，2011 年第 8 期.

[63] 薛捷，张振刚. 基于知识内容的区域产业集群知识网络研究——以东莞电子信息产业集群为例[J]. 竞争情报，2012 年第 20 期.

[64] 于杰，丛建辉，刘呈庆. 基于 TOPSIS 法的电子信息产业集群生命周期研究——以济南市为例[J]. 山东社会科学，2012 年第 6 期.

[65] 于珍. 中国电子信息产业集群的类型及实证分析[J]. 山东大学学报（哲学

社会科学版），2010 年第 4 期.

[66] 岳书敬. 中国区域研发效率差异及其影响因素——基于省级区域面板数据
的经验研究[J]. 科研管理，2008 年第 5 期.

[67] 张贵，李靖，武建伟. 天津滨海新区电子信息产业链创新研究[J]. 天津师
范大学学报（社会科学版），2012 年第 4 期.

[68] 张继宏，邹德文. 武汉光电子信息产业专利标准化机制研究[J]. 中国科技
论坛，2011 年第 8 期.

[69] 张信东，刘旭东，杨婷. R&D 投入与公司价值的相关性分析——以生物制药
行业和电子信息行业的上市公司为例[J]. 科技进步与对策，2011 年第 23 期.

[70] 张雅丽，龙叶. 试论社区图书馆对老龄群体的电子信息技术教育[J]. 图书
馆工作研究，2010 年第 5 期.

[71] 张亚明，刘海鸥，朱秀秀. 电子信息制造业产业链演化与创新研究——基
于耗散理论与协同学视角[J]. 中国科技论坛，2009 年第 12 期.

[72] 张艳辉，李宗伟，陈滇. 社会网络与企业技术创新绩效的关系研究：以苏
州电子信息产业为例[J]. 管理评论，2012 年第 6 期.

[73] 郑山水. 研发效率的测算及其影响因素的实证研究——基于 1995～2009 年
高技术产业数据[J]. 科技管理研究，2012 年第 15 期.

[74] 周子学，江乾坤，王泽霞. R&D 投资、IT 投资与企业业绩的相关性实证研
究——来自电子信息百强企业的经验证据[J]. 科技进步与对策，2011 年第
11 期.

[75] 朱磊. 台湾产业政策中的“适度逆比较优势策略”——兼论产业创新条例
的意涵[J]. 北京联合大学学报（人文社会科学版），2010 年第 3 期.

[76] 朱勤. 我国电子信息业的国际市场势力：一个实证分析[J]. 国际贸易问题，
2009 年第 2 期.

[77] 朱有为，徐康宁. 中国高技术产业研发效率的实证研究[J]. 中国工业经济，
2006 年第 11 期.

[78] 邹德发. 台湾产业政策的回顾与展望[J]. 中国经济问题，2008 年第 1 期.

[79] 邹逢兴，陈立刚，徐晓红，滕秀梅，李春. 关于自动化专业电子信息类课
程教学改革的探索与思考[J]. 中国大学教学，2011 年第 9 期.